AI 시대,
불안한 오늘을
살아가는 너에게

AI 시대, 불안한 오늘을 살아가는 너에게

펴낸날 2025년 4월 10일 1판 1쇄

지은이 이라야
펴낸이 김영선
부대표 김대수
편집주간 이교숙
교정·교열 정아영, 나지원
경영지원 최은정
디자인 타입타이포
마케팅 신용천

펴낸곳 미디어숲
주소 경기도 고양시 덕양구 청초로 10 GL 메트로시티한강 A동 20층 A1-2002호
전화 (02) 323-7234
팩스 (02) 323-0253
홈페이지 www.mfbook.co.kr
출판등록번호 제 2-2767호

값 17,800원
ISBN 979-11-5874-251-5(43300)

미디어숲과 함께 새로운 문화를 선도할 참신한 원고를 기다립니다.
이메일 dhhard@naver.com (원고 투고)

AI 시대, 불안한 오늘을 살아가는 너에게

이라야 지음

변화의 소용돌이 속,
나를 찾는 리셋 버튼을
눌러라

미디어숲

진짜 '나' 업데이트 중…
로딩 99%! ☆

하루를 골랐다. 활동하기 가장 좋은 어느 가을날, 무조건 발길 닿는 대로 돌아다니기로 마음먹었다. 최대한 많은 사람과 스치며 다들 어떻게 살아가는지 그들의 행동, 모습, 표정, 생각을 읽어 내고 싶었다. 사람들 속에 있는 나, 내 생의 한 부분을 지나는 지금, 나는 어느 위치에 있는지 좌표를 찍어보고 싶은 마음이었다.

이른 새벽 첫 버스를 탔다. 조조할인까지 받으며 탄 버스엔 중고등학생부터 청년, 중장년, 노년까지 생각보다 사람들이 많았다. 다들 자신의 목적지를 향해 가고 있다. 무언가를 위해, 어떤 목적을 가지고 주어진 시간을 채우며, 미래를 만들어 가기 위해서란 걸 안다. 각기 다른 방법으로. 각기 다른 모습으로. 각기 다른 마음가짐으로.

이른 시각 버스뿐만이 아니라 어느 시간에 어디를 가나 사람들이 있었다. 치열한 삶의 현장이든 쉼을 얻는 공원이든, 카페든, 도서관이든 다양한 연령층의 사람들이 혼자 아니면 둘, 혹은 삼삼오오 그룹 지어 자기 시간을 살고 있었다.

어느 순간부터 내가 입에 죽 달고 산 말이 있다.

'나답게 살자.'
'나다움을 잃지 말자.'

특히 미래를 고민하는 청소년들에게 의도적으로 혹은 무심결에 툭툭 던졌던 말이다. 나 역시 그 시기를 치열하게 지나왔지만, 앞만 보고 달리느라 발밑의 장애물을 미처 돌아보지 못했기에 더 열정적으로 그 말을 전했다. 지나고 보니 돌이킬 수 없는 그 순간들이 무척 아쉬웠다.

'왜 그때 20년, 30년 후의 미래를 그리지 못했을까.'
'왜 멀리 보지 못하고 눈앞의 일에만 전전긍긍했을까.'

이런 개인적 후회와 회한이 담긴 탄식이다. 한 번 주어진 인생이라 열심히 살았건만 지금 생각하니 온전히 '나로서' 살지 못했다. 그 결과 AI 시대의 거센 변화 속에서 설 자리를 잃을 수 있다는 불안에 떨고, 어떻게 미래를 꾸려가야 할지 막막한 부담을 떠안을 수밖에 없었다.

나답게 주도적으로 살지 못한 대가는 다른 사람과의 차이로 더욱 선명하게 드러났다. 뒤늦은 후회와 앞으로 주체적 삶을 살겠다고 다짐을 거듭했으나 정작 '어떻게'라는 구체적인 실행 방법은 모호했다. 그래서 미래를 향한 구체적인 질문을 떠올렸다.

'내 이름을 걸 만한 일은 어떻게 찾을까? 오늘은 어떻게 살아야 하고, 얽히고설킨 인간관계는 어떻게 풀어야 할까?'

구체적인 실천 방안이 없다면 뻔한 구호에 그친다. 목표를 향해 달리라는 말은 잔소리밖에 되지 않는다. 바야흐로 최첨단 과학의 시대, AI 시대다. 우리 앞에 예측할 수 없는 변화가 끊임없이 펼쳐지는 현실 속에서 그저 열심히 산다고 모든 문제가 해결되지는 않는다. 죽어라 공부하고, 죽어라 일하며, 죽어라 살아왔는데도 결국 행복하지 않았다고 인생의 끝에서 고백한다면, 그보다 더 억울한 일이 있을까.

그런데 자신이 직면한 문제에 일일이 대응하며, 자기 이름을 걸고 살아간다는 건 생각보다 어려운 일이다. 최선을 다해 살아가는데도 정작 스스로는 만족스럽지 않다. 어딘가 모자라고 어쩐지 맘에 쏙 들지 않고 다른 사람과 견주어 보니 딱히 잘 사는 것 같지도 않다. 사회가 인정하는 기준에 도달하기에는 턱없이 부족하다. 그래서 순간순간 미래에 대한 불안이 엄습할 때면 조급해지고 불안해진다. 외로운데 주변 사람들과의 관계에서 긴밀한 유대감이나 신뢰를 찾기도 힘들다.

그러므로 보다 확실하고 현명한 길을 찾아야 한다. 만족감, 성취감, 행복이 우리 삶의 모든 순간에 들어 있어야 한다. 자신에 대한 기대를 원동력 삼아 하나하나 목표를 이루며, 그 과정에서 뿌듯함이 가져다주는 기쁨을 누려야 한다.

우리는 오늘을 살아가는 이유만으로도 그것을 누릴 권리가 충분히 있다. 누구도 자기 삶을 아무렇게나 팽개쳐 두지 않기 때문이다.

'대체 어떻게 해야 하는가?'

정답은 없다. 모범답안이라도 제시하고 싶지만, 각자 처한 환경과 상황에 따라 다를 수밖에 없다. 그럼에도 해답을 찾자면 '나다움을 나답게 관리'하는 게 아닐까? 어떤 상황에서도 자신은 온전히 자기 몫이다. 상황이나 여건을 바꾸기는 어렵지만 자기 자신은 관리하고 통제할 수 있다. 단언하지만 자기가 추구하는 삶을 향해 정진할 동력만 있다면, 자신만의 길을 갈 수 있다.

자신을 리셋^{Reset}해 보자. 이를 계기로 새로운 출발의 기회를 만들어보자. 이 책은 그 방법과 방향을 구체적으로 제시한다.

이 책의 가장 큰 장점은 누구나 알고 있는 삶의 방식에 실질적인 실천 방안을 담았다는 점이다. 다양한 사람들의 경험을 집약하고, 스스로 변화를 이루어낸 이들이 효과를 입증한 실천 방법을 소개한다. 이미 검증된 방식이지만, 기존의 자기계발서에서는 찾아볼 수 없었던 새로운 접근법이기도 하다.

많은 책이 '~해야 한다', '~하는 것이 좋다'는 구호를 던지지만, 실제로 실천하고 스스로 점검할 수 있는 구체적인 방법을 제시하는 책은 드물다. 이 책은 그 빈자리를 채워줄, 진짜 변화의 시작점이 될 것이다.

1장은 '나를 바꾸는 한 걸음'을 시작으로 '나다움 DNA 깨우기'에 집중한다. 이유를 분명히 인식해야 행동에 동기를 부여할 수 있으며, 무엇보다 자신감이 뒷받침될 때 비로소 자기 삶을 주도적으로 이끌 수 있다. 2장은 '나답게 펼치기', 3장은 '시간 콘트롤 마스터 되기', 4장은 '꿈을 향한 히어로 모드 켜기', 5장은 '관계의 톱니바퀴, 완벽하게 맞추기'로 구성되어 있다. 이는 자신을 단단히 다지고 이상을 향해 나아갈 때 힘이 되어 줄 중요한 요소들이다. 이를 알고 다져 놓으면 자존감이 높아지고 문제의 상황에서 할 수 있다는 긍정의 자신감이 올라간다.

미래를 향한 지표를 찾지 못하거나 막연한 불안이 엄습할 때, 이 책을 읽는 것만으로도 난관을 헤쳐 나갈 길이 보일 것이다.

각 단락의 끝에는 자신을 재정비하는 다양한 방법을 제시했다. 기존의 방식과는 달리, 신선하고 창의적인 접근법이라고 확신한다. 또한 각 장의 마무리에서는 이 시대를 살아가며 자신을 리셋하고 당당하게 삶을 개척한 인물들을 소개했다. 개인적인 기준에 따라 선정한 인물들이지만, 많은 사람의 지지를 받으며 사회에 영향력을 발휘한 이들이다. 그들이 보여준 가치관에 대한 신뢰와 앞으로의 행보에 대한 믿음을 담아 이 책에 기록했다.

부디 이 책이 기분 전환은 물론, 스스로 '나다움'을 키우는 데 작은 힘이 되길 바란다.

나답게 살아가며, 어디에서나 빛날 여러분을 위하여!

저자 이라야

차례

나답게 리셋 첫 번째
*

나다움 DNA 깨우기

나답게 리셋 두 번째
✳
내 인생, 내 무대! 나답게 펼치기

나답게 리셋 세 번째
✳
시간 콘트롤 마스터 되기

나답게 리셋 네 번째
＊
꿈을 향한
히어로 모드 켜기

나답게 리셋 다섯 번째

*

관계의 톱니바퀴, 완벽하게 맞추기

나답게 리셋
첫 번째

*

나다움 DNA 깨우기

● 　우리는 태어난 순간 특별한 존재가 된다. 81억 지구인 중 나와 똑같은 사람은 단 한 명도 없다. 세상에 유일무이한 존재이지만 우리는 그 특별함을 종종 잊는다. 그래서 자신에게 애정을 쏟지 않고, 자기를 아끼지 않으며 돌보지도 않는다. 다른 사람의 평가에 자신을 맡기며 사회적 기준에 자신을 맞추려고 애를 쓴다.

● 　아니 될 말이다. 특별한 '나', 세상에 하나밖에 없는 '나' 아닌가. 그러니 매일, 매시간 남들과 차별되는 일을 즐기며 자기 일상에 생기가 돌도록 자신감을 불어넣어야 한다. 똑같은 하루를 살더라도 무게중심 추인 '열정'의 함량을 남들과 다르게 가져가야 한다. 자신이 특별하다고 여겨지는 만큼 하고 싶은 일에 솟구치는 에너지의 양을 쏟아부어야 한다. 깊숙한 내면에서 역동하는 의지의 분출을 자양분 삼아 '특별함'을 키워가야 한다. 이것이 자신을 바꾸는 첫걸음이다.

나를 알아야 파도에 휩쓸리지 않는다

정적이 흐르는 시험시간. 여러분은 A3 하얀 종이의 시험지를 받았다. 문제는 단 한 줄.

'나(자신)는 누구인가 서술하시오.'

상상만으로도 당황스러운 문제이다. 과연 '나'에 관해 몇 자나 쓸 수 있을까. '나'를 가장 잘 아는 사람이 자신임에도 불구하고 첫 문장부터 막막해지지 않을까?

어디서부터 어떻게 말해야 할지, 나를 설명할 꼬투리를 찾아

기억 속을 헤집어보지만 '나'를 한마디로 함축할 단어나 상징을 뽑아내기 어렵다. 평소 '나(자신)'를 탐구하고 호기심을 발동해 알아보고자 했던 사람이라도 그 해답을 단박에 구하기는 어렵다. 자신을 바라보는 관점의 포인트를 어디에 두고 바라보는가에 따라 입체적이고 종잡을 수 없는 자신을 만나기 때문이다. 그래서 고대 철학자들이나 저명한 철학 교수, 심리학자들도 이 문제를 두고 몇 년씩 혹은 일평생 고뇌를 거듭했는지도 모른다.

그만큼 우리는 종종 자신을 움직이는 몸과 정신의 주체인 '나'를 외면하고 간과하며 살아간다. 어쩌면 이는 서열화되는 성적이나 끊임없이 뒤처지는 듯한 사회적 기준에 따라 자신을 평가하는 것이 불편하고 그 결과를 두려워하는 마음에서 비롯된 것일지도 모른다.

하지만 이유가 어떠하든 현재가 아니라 '미래'를 위해 자신을 알아야 한다. 그 무엇으로도 대체될 수 없는 '나(자신)'란 존재로 인해 크거나 작은 사회가 구성되기 때문이다. 가정이든 학교든, 단체든, 국가든 어느 곳이든 '나'가 빠지면 그 의미가 사라진다. 따라서 '나'를 속속들이 안다는 것은 자신의 역할과 책임, 존재의 가치를 알게 되는 것과 같다.

여기서 '나'라는 존재에 좀 더 쉽게 다가가 보자.

AI 시대, 불안한 오늘을 살아가는 너에게

먼저 '나'를 알기 위해서는 그 속에 포함된 여러 요소를 살펴볼 필요가 있다. 크게는 외적인 부분과 내적인 부분으로 나눌 수 있다. 외적인 부분은 나를 둘러싼 환경, 나를 나타내는 배경, 가시적으로 드러나는 외모와 같은 누구나 알 수 있는 것들이다. 나이, 키, 몸무게, 얼굴 생김새, 스타일, 사는 곳, 출신학교, 학력, 직업 등은 사회에서 개인을 평가하는 기준으로 작용하며, 우리가 상대에 대해 알고 싶을 때 가장 먼저 던지는 질문들이기도 하다.

검색사이트에 등장하는 인물 정보도 주로 이러한 외적 요소에 치우쳐 있다. 그 정보를 알게 되면 마치 그 사람을 꿰뚫어 본 듯 고개를 끄덕이며 '알만해!' 하고 단정 짓는다. 그러고는 사회가 정한 가치 기준을 고스란히 대입해 상대를 평가하고 판단한다. 이 과정에서 선입견이 작용하기도 하는데, 외적 배경이 부족한 사람에게는 무의식적으로 거리를 두고 간과하는 반면, 외적 배경이 뛰어난 사람에게는 깍듯이 대하고 친밀감을 보이려 한다. 이는 '모든 사람은 동등하다'는 평등의 관점에서는 문제가 될 수 있지만, 솔직히 이를 부인할 사람이 몇이나 될까?

우리는 다른 사람들이 나를 평가하는 기준을 너무 잘 알고 있기 때문에, 자연스럽게 외적 배경에 집중하게 된다. 결국 어느 순간, 온전히 '나'의 기준으로 살기보다는 '타인의 시선'이나 '사회적 기준'에 맞추려고 고군분투하는 자신을 발견하게 된다.

내적인 부분은 성향이나 성격, 사고의 깊이, 호기심, 창의력 등과 같은, 하나의 기준으로 판단하고 평가할 수 없는 항목들이다. '나는 누구인가'라는 질문에 답하려 할 때, 우리는 자기 자신조차 명확히 정의하기 어려운 모호한 요소들의 집합임을 깨닫게 된다. 예를 들어 성격을 들자면, 자신은 느긋한 것 같으면서도 급하고, 적극적인 것 같으면서도 소심하다. 스스로는 성격이 좋다고 생각하는데 주변 친구들이 이기적이라고 말하면 혼란스러워진다. '내가 정말 이기적인 사람인가'와 '난 썩 괜찮은 사람인데' 사이에서 확신이 흔들리며 갈팡질팡하게 된다.

시중에 나와 있는 혈액형, MBTI, 에니어그램, 인적성 검사 등 다양한 방법으로 자신을 측정하고 분석해 보지만, 그것들은 결국 통계치에 불과하다. 표본이 수백만 명이라 할지라도 표준오차가 존재하기 때문에, 결코 100% 정확하게 '나'를 제시할 수는 없다.

진정한 나를 찾는 방법

스스로 객관적인 '나'를 찾아야 한다. '나'를 찾는 방법은 여러 가지가 있겠지만, 쉽고 간단한 방법은 '나'에 대한 모든 것을 적어 보는 것이다. 언제든지 할 수 있고 어디서든 가능하다. 메모지와

AI 시대, 불안한 오늘을 살아가는 너에게

펜만 있으면 된다. 목록을 구분 지어 생각할 필요도 없다. 떠오르는 대로 낙서하듯이 쓰면 된다. 단, 많이 쓸수록 좋다.

① 영어를 못한다.

② 책 읽기를 싫어한다.

③ 잔소리는 더 싫다.

④ 틈만 나면 영화를 본다.

⑤ 누군가의 부탁을 거절하는 게 싫다.

⋮

이렇게 자기 자신에 대해 두서없이 100가지 정도 적다 보면, 자신도 모르는 사이에 점차 자신이 어떤 사람인지 드러나기 시작한다. '아, 이게 나구나!' 하는 순간이 온다. 전교 석차는 높지만 영어가 약할 수도 있고, 수학 이야기만 나오면 도망치고 싶어질 수도 있다. 대척점에서 보면 어문 계열에서는 바닥을 기어다니지만, 수학 문제 풀이가 취미인 친구도 있다. 게으르지만 하는 일에서는 완벽할 수 있고, 적극적이지만 사람들 앞에서 자기 소개하는 순간만큼은 부담스러워할 수도 있다.

내가 어떤 사람인지를 알고자 할 때 앞뒤가 맞지 않거나 논리적으로 근거가 부족하다고 부인하거나 부정할 필요는 없다. 과학적 이치는 더더욱 들이대지 말자. 그냥 오롯이 타인의 눈으로 자신을 바라본다고 생각하자. 즉, 내가 아는 '나'를 적는 것이 아니라, '김은영(각자 자기 이름)'을 바라보는 내가 적는 것이다. 쉽게 말해, 자신의 행동과 생각을 관찰하여 마치 중계방송하듯 적어보면 된다.

이렇게 자기를 나열하다 보면 자신이 추구하는 모습과 현재의 모습 사이에 괴리가 있음을 발견할 수 있다. 자부심을 느낄 수도 있지만, 대개는 상실감으로 이어진다. 열악한 환경에서 태어나게 해준 부모를 원망하기도 하고 천재적인 머리로 태어나지 못한 것을 한탄하기도 한다. 타고난 재능이 하나도 없다는 사실이 영 못마땅하게 느껴지기도 한다. '영어 7등급'이라고 적고 한숨을 푹 쉰다. 일류대학교에 들어가 세계 일주를 꿈꾸지만, 그 가능성은 희박하다. 유머를 감칠맛 나게 구사하고 싶지만, 늘 진지한 말로 주위를 썰렁하게 만든다. 친구들하고 어울리는 게 좋지만 간식이나 음료값은 부담스럽다.

이렇게 자신이 처한 현실이 눈앞에 드러나는 순간, 종이를 쫙쫙 찢어버리고 싶어질지도 모른다. 그렇지만 어떤 순간에 부딪히더라도 냉정하게 '나(자신)'를 보자. 그것이 바로 '나'다.

이 과정에서 중요한 점은 자신을 거부하거나 부정해서는 안 된다는 것이다. 스스로 인정해야 한다. '뭐 어때!'라고 생각하면 너무 낙관적인가. 정신과 의사 정혜신 박사는 '나'가 흐려지면 사람은 반드시 병든다고 했다. 마음의 영역에선 '팩트'라고 한다. 그녀는 대중에게 인기 있는 스타를 예로 들어 설명했다. 인기 연예인들은 '나'가 원하는 삶을 사는 대신 '너', 그러니까 '대중'이 원하는 삶을 살게 되기에 자기 소멸로 들어선 사람이 많다는 것이다. 자기성(自己性)이 소거된 채 대중의 기대나 사회적 역할, 가치에 전적으로 기대어 살아가기 때문이다. 이런 모습은 결코 '나'로 산다고 할 수 없다.

그러므로 조금 망설여지더라도 자신의 관찰자가 되어 자기를 객관적으로 관찰하고 자신을 적나라하게 드러내 보자. 이를 근거로 '나'를 분명하게 인지하고 진정한 '나'로 살아야 한다. 아무리 못났더라도 '나'를 인정할 때 변화를 꿈꿀 수 있다. 무엇을, 어떻게, 왜 해야 하는지 분명한 이유를 스스로 찾아내기 때문이다.

나에 대한 '인정'은 제자리에 안주하는 것이 아니다. 변화를 이끌 수 있는 '준비운동'이다. 자신의 상태를 점검하는 '제자리 뛰기'다.

 나를 바꾸는 한 걸음

1   자기 이름을 최소 네 가지 이상의 다양한 언어로 적어보자.

2   자신의 외모를 자세히 묘사해 보자.

3   자신을 행복하게 하는 것들을 써 보자.

4   자신의 단점을 장점으로 바꿔 말해 보자.

5   자기에게 있는 자랑거리 한 가지를 소개해 보자.

6   자신이 한 일 중, 가장 위대한 일탈은 무엇이었는지 떠올려보자.

AI 시대, 불안한 오늘을 살아가는 너에게

나를 믿을 때 뿌리를 깊이 내릴 수 있다

기대감은 우리를 설레게 만든다. 사람마다 정도의 차이는 있겠으나 어떤 기대든지 기분을 끌어올리는 힘이 있다. 각종 대회에 참가하거나 경품 이벤트, 행사장에서 응모권을 추첨할 때, 누구나 혹시나 하는 마음을 갖는 것은 자연스러운 일이다. 어른들이 로또복권을 사는 것도 마찬가지다. 1등에 당첨될 수 있다는 기대로 일주일을 행복하게 보내며, 정작 당첨 확률이 극히 낮다는 사실은 애써 외면한다. '어쩌면 만에 하나 내가 산 번호가 당첨될지도 몰라.' 하는 기대를 거는 것이다.

소망이 이루어지기를 바라는 기대심리는 간절할수록 크다.

꼭 이루고 싶은 목표에 도전할 때면 평소 믿지 않던 신에게까지 손을 내민다. 하느님, 예수님, 부처님, 공자님. 또 애타는 욕망으로 징크스를 피하려 노력하고 사소한 일에도 예민하게 군다. 잠도 편하게 못 자고 먹는 것, 사소한 말 한마디에도 신경을 쓴다.

물론 기대심리는 긍정적 요인이 많다. '되면 좋겠어.'라는 바람이 '꼭 돼야 해!'로 바뀌면서 '그래도 혹시 모르잖아.' 하는 불안감을 몰고 와 철저한 준비로 이어진다. 오디션이나 면접에 가면서 거울이든 유리창이든 자신의 모습이 비치는 곳이 있으면 자연스레 매무새를 가다듬는다. 아닌 척 큼큼 헛기침으로 발성을 연습하고 입을 크게 벌리는 등, 얼굴 근육을 풀어준다. 머릿속은 더 분주하다. 예상 질문에 대한 답을 되새기고 예기치 않은 질문에 대한 답도 미리 준비한다. 이럴 때 드는 생각은 '무엇에든지 이렇게 최선을 다한다면 뭐든 다 할 수 있겠다.'라는 또 하나의 기대이다.

각종 공모전에 응모할 때도 마찬가지다. 마감 날, 마감 시간까지 원고를 보고 또 보고 다듬고 수정한 끝에 겨우 제출한다. 노심초사하며 준비한 시간에 비해 심사 기간은 지나치게 길게 느껴진다. 사람들은 잊고 있으면 좋은 소식이 온다지만 절대로 잊히지 않는 시간이다.

기대감에 부응하는 성과가 나오면 이보다 좋을 수가 없다. 그

AI 시대, 불안한 오늘을 살아가는 너에게

러나 기대치에 못 미치는 결과는 크든 작든 상실감을 가져온다. 아이러니하게도 기대가 클수록 실망도 크다. 마치 식빵에 잼 바른쪽이 꼭 바닥을 향해 떨어지는 머피의 법칙처럼 간절히 기대할수록 내 의지나 내 뜻대로 되지 않는 경우가 99%에 육박한다. 남들은 너무도 쉽게 척척 해내는 것 같은데, 나는 이상하리만큼 늘 어렵다. 공부 안 한 부분에서 시험문제가 출제되고 대회에 나가면 꼭 실수한다. 필기는 통과했지만 면접에서 떨어지고, 공모전은 최종 심사까지 진출했으나 결국 탈락한다. 소개팅에서 만난 이성은 첫눈에 반할 만큼 매력 있지만, 대화가 통하지 않는다. 두세 번 만났더니 까탈스럽고 지적질만 한다. 로맨틱한 데이트의 환상은 깨지고 이성에게 매력 없는 사람이라는 자괴감만 남는다. 언제나 내가 선 줄이 더디게 줄어들고, 잘 차려입은 옷에 음식물이 튀는 것처럼 기대의 결과는 언제나 기대를 배반한다.

이러한 현상에 대해 한화택 국민대학교 기계공학과 교수는 명쾌한 해설을 내놓았다. 실제로 기대가 이루어질 확률은 50%에 불과하지만, 심리적으로 기대치가 높아지면 실패했을 때 그 확률을 과장해서 인식하게 된다는 것이다. 이는 선택적 기억에 기인한 결과로 일이 잘된 경우의 기억은 금방 잊고, 일이 잘못되었을 때 받은 충격과 부정적인 기억은 머릿속에 오래 남는 데서 오는 현상이라는 것이다.

기대의 초점을 나에게로 맞춰라

그렇다면 기대하지 말고 살아야 할까? 절대 그렇지 않다. 다만 우리가 거는 기대의 초점을 조정하면 된다. 지금까지의 기대는 어떤 일, 어떤 현상, 어떤 대가에 기대를 걸었다. '~하면 좋겠어.'라는 식으로 '~'에 모두 대입하는 조건들의 기대였다.

'시험을 잘 봤으면 좋겠어, 등급이 올랐으면 좋겠어, 공모전에 당선되면 좋겠어, 심사에 통과되면 좋겠어, 오디션에 뽑혔으면 좋겠어.'처럼 우리의 기대는 언제나 '~하면 좋겠다'는 조건부였다. 문제는 이러한 기대가 타인의 기준과 결정에 달려 있다는 점이다. 심사위원의 선택을 좌우할 수도 없고, 오디션 심사관의 평가 기준을 바꿀 수도 없다. 다시 말해, 기대한 결과에 대해 우리가 직접 행사할 권한이나 영향력이 없다.

그렇기에 간절한 기대는 불안감만 가중할 뿐 아무런 도움도 되지 않는다. 초능력을 발휘해 심사위원들의 마음을 조종할 수도 없고, 경쟁자의 실력을 낮출 수도 없다. 그렇다면 결국 선택지는 하나, 마음을 비우는 것이다. 마음을 비우는 것이야말로 평온을 유지하는 최선의 방법이다. 그러나 마음 비우기가 생각처럼 잘 되지 않는다. 일말의 기대에 따른 불안감도 완전히 걷어낼 수 없

AI 시대, 불안한 오늘을 살아가는 너에게

다. 결과에 따라 그 기대가 한바탕 욕으로 방출되거나 눈물로 얼룩지게 만들지라도 원하는 만큼 기대를 걸 수밖에 없는 게 인간의 심리이다.

기대를 포기할 수 없다면 기대의 '방향'을 바꾸자. 타인의 평가나 외부 결과가 아닌, 자신에게 믿음을 보내고 자기 가능성에 기대를 걸자. 자신에게 믿음을 보낼수록 내면이 강해진다. '나(자신)'에게 끝없는 신뢰를 보내줄 사람, 무작정 기대를 걸어 줄 사람은 단언컨대 가족이나 나 자신 외에는 단 한 명도 없다. 인간관계의 폭이 넓고 끈끈한 유대를 형성했을지라도 마찬가지다. 관계가 끊어지는 순간 남이 되고 사소한 의견충돌로 적이 되기도 한다. 그들이 보내는 응원과 지지도 형식에 그치는 경우가 많다.

그런데 잠깐, '아무것도 없는데, 가능성이라고는 바닥을 득득 긁고 있는데, 자존심은 심해 밑으로 가라앉았는데, 밑도 끝도 없이 자신을 믿으라니 말이 된다고 생각하나?' 급한 성격에 냅다 소리를 지를 수도 있다.

"날 어떻게 믿으란 말이야!"

당황하지 말자. 우리는 아무런 기억도, 지식도 없이 세상에 태어났다. 처음엔 눈의 초점도 맞추지 못했고 소리에 민감하지도 않았다. 꼬물꼬물 오감이 활성화되면서 우리는 세상의 모든 것을 받아들이기 시작했다. 하지만 태어난 지 6년 정도가 지나면 핵심 믿음들이 대부분 형성된다. 이 믿음들은 잠재의식 속에 단단히 자리 잡고, 이후의 사고방식과 행동에 깊은 영향을 미친다. 스스로를 돌아보면, 6살 이후 우리는 누구를 가장 믿고 신뢰했는지 알 수 있다.

대부분 유아기를 거쳐 유년기까지는 부모를 믿고 따르지만, 청소년기에 들어서면서 부모의 영향력을 벗어나 자기 주관과 가치관을 믿는다. 남들은 고집이라고 표현할지 모르지만, 자기 생각을 관철하고 자기 의지대로 행동하려는 주관이 나온다. 이는 '자기 확신'에서 나온 결과물이다. 그만큼 자신을 믿는 '믿음'을 기본적으로 가지고 있다.

자신을 믿는 마음은 삶의 기반이 된다. 다시 한번 기억하자. 세상에서 오롯이 자신을 믿어줄 사람은 단 한 사람도 없다. 각박한 사회 때문이 아니다. 절대 배신하지 않을 완벽한 우군은 바로 자신이기 때문이다. 혹시나 아직도 자기 가능성을 의심한다면 '내가 나를 못 믿는데 누가 나를 믿겠냐?'라는 반문을 자신에게 던지고 곰곰이 생각해 보자.

믿음과 기대의 효과

플라시보 효과라고 들어본 적이 있는가. 플라시보는 라틴어로 '기쁨을 주겠다'는 뜻이다. 의사가 환자에게 약효가 없는 가짜 약을 주고 "이 약은 당신의 병에 특효를 발휘할 것입니다."라고 말하면 그 환자의 병이 놀랍게도 치유된다. 가짜 약을 진짜 약이라고 믿는 데서 비롯된 효과이지만 믿음과 기대가 얼마나 큰 힘을 발휘하는지 보여준다.

우리가 믿는 대로 몸도 반응한다. 몸은 우리의 육체와 정신적인 부분까지 포함한다. 신경과학과 후성유전학 연구자들에 따르면, 우리의 몸과 마음은 서로 연결되어 있다. 세포와 세포 사이에 끊임없는 메시지와 에너지를 교류하면서 마음과 신체를 통제하기 때문에 자신에 대한 믿음을 보여줄 때 신체의 리듬이 활성화되고 스스로 강해진다는 것이다. 이를 확신한다면 자신에게 무한한 신뢰를 보내보자.

먼저 자신을 '긍정적'으로 바라보는 것부터 시작하면 된다. 그러나 맹목적으로 자신을 믿는다는 게 말처럼 쉽지는 않다. 이미 좌절을 맛보았거나 주위에 '나'보다 잘난 사람들을 보며 자신을 비교했던 기억이 있기에 현실의 한계와 턱없이 부족한 부분만 보인다. 자신이 감당할 수 없는 사회적 장애물이 눈앞에 보인다. 그래서 '자신에게 신뢰를 보내라'는 말의 의미를 알면서도, 할 수 없다고 고개를 내젓는다.

이런 고민에 휩싸일 때 헬렌 켈러의 이야기는 우리에게 큰 힘을 준다. 말도 못 하고 귀도 들리지 않으며, 눈도 보이지 않는 그녀가 자신의 장점을 몇 가지나 찾았을까? 자그마치 2,500가지나 찾았다. 우리가 가진 여러 가지 결핍이나 결함은 오히려 삶에서 풀어야 하는 과제를 제시한다. 이를 극복하고 해결했을 때 삶은 우리에게 성취감을 선물로 준다.

자, 이제까지 생각한 것을 뒤집어보거나 비틀어보자. 심리가 꼬여 있다면 먼저 풀어야 한다.

AI 시대, 불안한 오늘을 살아가는 너에게

· 내가 뭘 할 수 있겠어.

· 난, 이것밖에 안 돼.

· 내가 그렇지 뭐.

· 세상에, 나는 책도 읽을 수 있어. (할 수 있는 일을 수백 가지는 덧붙일 수 있다.)

· 난, 이 정도지만 나름 훌륭해. (말만 하지 말고 이유 찾아 적기.)

· 나니까 이렇게 할 수 있어. (기분까지 좋아진다. 절대 나르시시즘에 빠지 지 않으니 염려는 붙들어 매라.)

자신에게 믿음이 생겼다면 이제 기대를 걸어라. 기대 효과가 극대화된다. '피그말리온 효과'를 자기 삶에서 직접 체험하게 될 것이다.

피그말리온은 자신이 조각한 여인상에게 '갈라테이아'라는 이름을 붙이고, 진심으로 사랑하게 된다. 흠이 많은 자신이지만, 아무 말 없이 조건 없이 자신을 받아주는 갈라테이아의 모습에 그는 깊은 애정을 느낀다. 피그말리온은 정성을 다해 그녀를 사랑하며 그 사랑의 힘으로 여신 아프로디테에게 기도한다. 그는 갈라테이아에게 생명을 불어넣을 수 있다는 희망을 품고, 간절한 마음으로 기도했다. 그때 아프로디테는 그의 사랑에 감동하여,

조각상이었던 갈라테이아에게 생명을 불어넣어 주었다.

자기 자신에게 기대를 걸었을 때 '나'는 어떻게 달라질까. 희망과 목표에 대한 기대심리가 의욕을 자극하고 간절함이 열정을 불태운다. 이때의 성취감은 오롯이 자기 자신에게 돌아오는 영광이다. 자신을 믿는 마음은 '동기부여'가 되어 어떤 일에서든 적극성을 띠고 노력하게 만든다. 이 믿음은 자신감으로 승화되어, 하고 싶은 일과 해내야 하는 일에서 에너지를 충전받는다.

반면, 타인이 하는 칭찬이나 신뢰는 종종 일회성에 그친다. 이 말에 의구심이 든다면, 내가 상대에게 해주는 조언이나 격려의 진정성을 떠올려 보자. 솔직히 그때 심리는 어땠는가. 얼마나 지속되었는가? 이를 생각해 보면 아무리 친밀한 관계라 할지라도 관계의 한계로 인해 지지하는 마음 또한 오래 지속될 수 없다.

그러나 우리 내면에는 자신에 대한 믿음이 있다. 지금 그 믿음의 싹을 틔울 때다. '나'에 대한 기대심리를 높여 그 가능성에 물을 주고, 당당히 설 수 있도록 신뢰를 보내자. 자신을 키우고 성장시키는 주체가 되자. 이 일은 그 누구도 대신해 줄 수 없다.

나를 바꾸는 한 걸음

1 자신을 믿을 수밖에 없는 이유를 써 보자.

2 자신을 믿고 도전할 만한 일을 적어보자.

3 자신의 믿음을 일깨우는 주문을 적어보자.

4 자신에 대한 기대로 변화시키고 싶은 바를 써 보자.

5 기대 효과는 무엇인가?

6 자신에게 기대를 거는 이유를 2분가량 녹음하여 들어보자.

매력적인 주인공은 언제나 나야 나

하루 24시간, 1,440분, 86,400초.

신은 공평하다. 오늘을 사는 모든 이에게 똑같은 시간을 주었다. 아무리 높은 지위나 권력을 가졌다고 해도, 엄청난 재물을 소유했다고 해도, 하늘을 찌르는 권위를 가졌다 해도 단 1초의 시간도 더 가질 수 없다.

하지만 공평하게 주어진 '시간'이라는 자산을 대하는 태도는 각자 다르다. 어떤 이는 오롯이 자신에게 주어진 도구로 나눠 줄 수도 없고 선물할 수도 없는 유일한 '자산'으로 귀하게 여긴다. 어떤 이는 '에이, 너나, 나나 다 가진 시간. 나의 오늘이 그리 특별할

게 없다.'라고 생각한다.

"당신은 어느 쪽인가?"

조금 비켜난 이야기지만 문학에는 시점視點이 있다. 전지적 작가 시점, 3인칭 관찰자 시점, 1인칭 관찰자 시점, 1인칭 주인공 시점이다.

전지적 작가 시점은 작가가 신의 영역에서 소설의 배경, 인물의 행동, 인물의 심리를 꿰뚫고 쓴 작품이다. 그러니 작가는 모르는 게 없고 통찰에 대단한 능력자로 모든 것을 자기 뜻대로 주무른다. 우리 삶도 이처럼 전개될 수 있다면 얼마나 좋을까? 내가 신이 되어 내 뜻대로 삶을 조율할 수 있다면, 두려울 것도 없고 원하는 모든 것을 손에 넣으며 세상을 호령할 수도 있을 것이다.

3인칭 관찰자 시점은 '그' 또는 '홍길동(이름)'으로 서술되며 등장하는 인물의 행동이나 말, 겉모습을 사실적이고 객관적으로 묘사하기 때문에 표현이 생생하다. 하지만 등장인물의 생각을 직접 전달하지 못하고, 화자가 관찰한 내용만 전하기에 이야기가 단조롭다. 화자가 주제를 드러내놓고 말하기도 어렵다. 인물의 심리는 행동이나 말투로 이해하고 해석할 수밖에 없다. 이는 우리가 대면하는 일상의 모습과 닮았다. 사회에서 만나는 사람들의 동작에서 그들의 심리를 추측하고 대화로 그 사람의 가치관이나 심리를 추측한다. 이 시점에서 우리가 잊지 말아야 할 점이 있다. 우리가 누군가를 단정 짓고 판단하는 만큼, 상대 역시 그들의 기준으로 우리를 평가하고 있다는 사실이다.

우리는 다른 사람을 바라볼 때, 나와 다른 점을 이해하고 인정해야 한다. 하지만 말처럼 쉬운 일은 아니다. 두 사람 이상이 모인 자리에서 의견 차이로 갈등이 발생하는 모습을 보면, 이를 쉽게 실감할 수 있다. 그렇다고 해서 나를 남들에게 맞추며 살아갈 수도 없다. 하루 정도야 괜찮겠지만, 오랜 시간 그렇게 지내다 보면 결국 지치고 피폐해질 수밖에 없다. 반면, 상대가 나에게 완벽히 맞춰주길 바란다면 어떨까? 그런 요구를 받는 사람은 당혹스러워할 것이고, 심할 경우 관계를 끊어버릴 수도 있다. 세상은 내 뜻대로 움직이지 않는다.

이것이 바로 '3인칭 관찰자 시점'과 같다. 우리는 모든 것을 통제할 수 없으며, 각자 다른 시선을 가진 채 살아간다. 3인칭 관찰자 시점이야말로 우리가 살아가는 현실을 그대로 반영한 시점이라 할 수 있다.

1인칭 관찰자 시점에서는 화자가 '나'이지만 주인공은 따로 있다. 즉, 자신이 보는 관점으로 주인공의 말이나 행동, 사건, 상황 따위를 묘사하고 평가하며 바라본다. 그러기에 자신의 감정이나

AI 시대, 불안한 오늘을 살아가는 너에게

기분, 생각이나 신념이 중요한 게 아니며, 상대(주인공)의 생각이나 느낌 따위에 더 주시한다.

이런 시점은 독자에게 긴장감과 놀라움을 줄 수도 있지만, 정작 화자의 내면은 드러나지 않는다. 자기 생각이나 감정을 표현하기보다, 상대와 주변 상황만을 나열하는 데 그칠 가능성이 크다. 이를 현실에 대입해 보면, 이런 태도를 가진 사람들은 일방적인 대인관계를 맺기 쉽다. 마치 추리소설 속 탐정처럼 끊임없이 관찰하고 분석하며 살아간다면 유리할 수도 있겠지만, 매일 긴장의 끈을 놓지 못하는 삶은 피로감을 가중시킨다.

또한 관찰자의 입장에 머무르는 삶은 상대의 심리를 추측하고 행동을 평가하는 데 치우치기 쉽다. 이는 결국 편협한 사고로 이어질 위험이 크다. 세상을 관찰자의 시선으로 바라보면서도 모든 이를 존중하고 배려하는 마음을 지닌다는 것은 성인군자에게조차 쉽지 않은 일이다. 하물며, 보통의 우리에게는 더욱 어려운 일이 아닐까 싶다.

마지막으로, 1인칭 주인공 시점은 인물의 생각과 감정을 그대로 드러내는 방식이다. 화자의 내면이 직접 표현되기 때문에, 독자들은 마치 자신의 이야기인 것처럼 받아들이며, 주인공의 감정에 깊이 이입하고 신뢰를 보낸다. 때로는 친밀감까지 형성된다.

그러나 이 시점에는 한 가지 중요한 한계가 있다. 화자는 다른 인물의 마음을 직접 들여다볼 수 없으며, '나'가 없는 곳에서 벌어지는 일은 알 수 없다. 오직 자신의 시야에 들어온 것만 볼 수 있고, 자신이 경험한 사건만을 이야기할 수 있다.

이것은 바로 우리가 살아가는 방식과 맞닿아 있다. 우리는 자신의 심리와 생각을 꿰뚫어 볼 수 있지만, 타인의 마음속까지 완전히 알 수는 없다. 또한 내가 있는 곳에서 벌어지는 일은 경험할 수 있어도, 내가 없는 곳에서 일어난 일은 간접적으로 듣는 것에 불과하다. 그래서 우리의 삶은 1인칭 주인공 시점과 다르지 않다.

AI 시대, 불안한 오늘을 살아가는 너에게

자기 인생 소설의 주인공은 나

독자나 관객은 언제나 매력적인 주인공이 등장하는 작품에 열광한다. 주인공이 주변 사람들에게 끌려다니거나, 책임을 회피하고, 자기 주관이 뚜렷하지 않아 모든 결정에서 우물쭈물한다면 이야기는 답답해지고 관객은 불만을 터뜨린다.

"오늘 하루를 산 여러분은 어떤가? 주체적이고 주도적이었는가?"

자기 삶의 주인공으로 살아야 한다. 우리가 인생을 멋지게 사는 요령이다. 너무도 당연한 이야기지만 주인공으로 살기란 쉬우면서도 어렵다. 우리는 사회적 시선에 갇히고, 기존의 통념과 기준을 무시할 수 없다는 핑계를 대며, 현실에 안주하기 위해 자신을 '남'의 기준에 맡긴다. '어떻게 하면 좋을까?' 조언을 구한다는 명목으로 타인의 생각을 듣고 자기주장을 관철하지 못한다. '실수할까 봐, 자기 생각대로 해서 결과가 잘못될까 봐' 실패하기 싫어서 남들의 평가와 시선에 얽매인다.

그러나 한번 생각해 보자. 우리는 음식을 먹을 때도 다른 사람이 골라준 메뉴에는 만족을 느끼지 못하는 경우가 많다. 남들이 골라준 옷을 입으면 내 옷 같지 않다. 많은 이가 '근사하다'고 말할 지라도 그것은 타인의 시선이고 인사말이다. 내 마음속에는 자신이 마음에 들어 했던 그 옷을 사지 못한 아쉬움이 크게 남는다. 아쉽게도 돈은 한정돼 있고 선택은 단 한 번뿐이었는데도 '나'의 주관에 집중하지 못하는 것이다.

그렇게 우물쭈물하며 확신 없이 살아가는 '나'는 오늘도 1인칭 주인공의 작품을 쓰고 있다. 그런데 그 이야기는 정작 자신조차 만족하지 못하는 전개로 흘러가고 있다. 한 단락을 마무리한 오늘, 집에 돌아가 혼잣말을 내뱉는다.

'난, 왜 이렇게 바보 같을까?'

하지만 결코 돌이킬 수 없는 '오늘'이다. 다시 돌아오지 않을, 지우고 다시 쓸 수도 없는 오늘이었다.

자신이 선택한 삶을 사는 맛은 다르다. 오늘을 다르게 살아보자. 주인공인 '나'의 매력이 저절로 뿜어져 나오도록 자기 주관을 갖고 삶을 즐기자. 매력적인 주인공에게 사람들이 열광하는 것은 당연하다. 다소 실수하고 엉뚱한 생각으로 곤경에 빠지기도 하지만, 자신을 믿고 당당하게 헤쳐가는 모습이 멋지기 때문이다.

한편으로는 주인공이 겪는 좌절이 오래가기도 한다. 계속 나락으로 떨어지기도 하고, 강한 상대를 만나 쓰러지기도 한다. 그렇지만 우리는 이미 알고 있다. 세상이 절대 녹록지 않다는 것을. 그럼에도 우리는 기대를 품고 세상에 맞서고 있다. 작고 여리고 미약하지만 폭풍을 뚫을 각오를 다지고 섰다. 두려운 것도 사실이다. 바닥에 눌어붙은 용기는 밤낮없는 담금질에도 일어서지 않는다. 여기저기 승승장구하며 앞서가는 친구들을 보며 실의에 빠지고 상대적 박탈감마저 든다. 개인적인 사정을 봐주지 않는 냉정한 현실이다. 그렇다고 자기 삶의 주인공을 바꿀 수는 없다. 나의 오늘을 대신 살아줄 사람은 절대 나타나지 않는다.

"오늘을 멋지게 살며 왔노라, 보았노라, 이겼노라!"

이렇게 말할 수 있는 사람이어야 한다. 그리고 그 사람은 바로 '나', 자신이어야 한다. '나'의 오늘을 기록하며 자존감을 하나하나 적립해 나가자. 신이 준 '오늘'의 주인공 역할을 톡톡히 해냈던 순간과 주인공답지 못했던 순간을 기록해 보자. 철저하게 '오늘'이 쓰인 소설을 독자의 관점에서, 자신의 '오늘'을 상영하는 영화를 보는 관객의 관점에서 객관적으로 평가해 보자.

✿ 매력적인 주인공 '나'

1. 내가 먹고 싶은 것으로 간식을 먹었어. 혼자 먹었지만 맛은 최고였지.

2. 머리를 내가 원하는 스타일로 바꿨어. 생각처럼 어울리지는 않아. 이 스타일은 영 아니군.

3. 아침에 좀 꾸물거렸어. 지각하기 10초 전에 들어갔지. 스릴 만점. 그렇지만 즐기지는 않을 거야.

✿ 매력 없는 주인공 '나'

1. 친구가 갑자기 만나자는데 거절하지 못했어. 오늘 계획한 일을 하나도 못 했다고.

2. 각자 내자는 말을 못 하고 오늘도 편의점 음료값을 내가 계산했어.

3. "괜찮아."라며 거절할 수 있는 친구의 부탁을 받아들였어. 내 속은 정말 두엄자리였지.

주인공으로 산다고 자기 멋대로, 이기적으로 행동하라는 의미가 아니다. 독재자나 무소불위의 권력자가 되라는 말도 아니다. 그런 주인공은 어디에서도 인정받지 못한다. 행동에 정당성이 없으면 누구도 응원하거나 지지하지 않는다. 겸손이 지나치거나 이 핑계 저 핑계를 대면서 자기 역할을 제대로 해내지 못하는 주인공은 외면당한다.

AI 시대, 불안한 오늘을 살아가는 너에게

매력적인 캐릭터로 '오늘'의 주인공이 되어보자. 나만의 매력을 발휘할 시간이다. 공평한 신은 모든 이에게 같은 시간을 주었지만, 그 시간은 절대 되돌릴 수 없다. 바로 이 점에서 중요한 차이가 생긴다. 자신이 그 시간을 얼마나 가치 있게 사용하는가에 따라 그 결과물이 달라지기 때문이다. 그리고 그 능력에 따라 세상에서 감당할 수 있는 역할이 결정된다.

오늘, 바로 지금, '나'가 주인공인 작품이 시작되었다. 여러분의 눈부신 활약으로 이 이야기가 완성될 것을 기대한다. 매 순간을 주인공답게 살아가며, 나만의 멋진 이야기를 만들어 가길!

 나를 바꾸는 한 걸음

1 오늘, 어제와 달랐던 '나' 찾아보기
2 대상에 제한 없이 새로 발견한 것들 알아보기
3 영화나 책에서 '나'와 비슷한 캐릭터 찾기
4 '나'를 더 매력적인 캐릭터로 만들기 위해 '나'에게 충고하기
5 주변에 있는 인상적인 캐릭터 연구하기
6 오늘 가장 아쉬웠던 일에 대한 1인칭 주인공인 '나'의 심리는?

막무가내로 달리기보다
뛸 방향을 보는 게 먼저다

지구의 자기磁氣를 이용하여 자침磁針으로 방위를 알려주는 나침반은 11세기경 중국에서 처음 사용했다고 전해진다. 처음에는 자침을 가벼운 갈대나 나무 등에 붙여 물에 띄워 방향을 확인하는 데 사용하다가, 중국의 심괄沈括이 명주실에 자침을 매달아 사용하는 방법을 도입했다. 이 방식은 이후 아랍 선원들에 의해 유럽에 전해졌고, 그로 인해 전 세계에 보급되었다.

GPS가 없던 시절, 나침반은 배가 나아가야 할 방향을 알려주는 중요한 도구였다. 선원이나 탐험가들에게는 생명이나 다름없는 존재였다. 물론 나침반이 없던 시절에도 낮에는 해를 보고 밤

에는 별자리를 보며 방향을 알 수 있었지만 상당한 천문지식이 필요해 일반 사람들은 생활에 적용하기가 어려웠다. 더군다나 흐린 날이나 안개가 낀 날에는 이마저도 관측할 수 없기에 방향을 잡기 난감했다. 나무줄기의 자라는 방향을 관찰하거나 나무의 나이테를 이용하는 방법도 있었으나 바다에서는 이용할 수 없었다. 이런 용이점 때문에 프랑스의 극작가 빅토르 위고는 나침반을 일컬어 '배의 영혼'이라고 표현하기도 했다.

우리가 사는 세상은 생각보다 훨씬 방대한 망망대해다. 바다라고 하니 하늘과 맞닿은 수평선이 보이는 영롱한 푸른 빛, 햇빛을 받아 잔잔하게 일렁거리며 반짝이는 물살, 물결 따라 노니는 물고기들과 물새들…. 이런 장면을 상상하고 있다면 얼른 꿈에서 깨시라. 차라리 전설적인 소설 『파이 이야기』를 영화로 만든 〈라이프 오브 파이〉의 한 장면을 떠올리는 것이 현실적이다. 끝이 보이지 않고 수심은 감히 상상조차 할 수 없는 바다 한가운데, 배고픈 호랑이와 단둘이 좁은 구명보트에 남게 된 소년. 살아남기 위한 소년의 처절한 몸부림. 이 영화를 보고 있으면 자신도 모르게 오늘을 사는 '나'의 모습과 겹쳐지면서 주인공을 응원하게 된다.

다행히 주인공은 살아남아 큰 부를 축적한다. 하지만 잘 알다시피 영화 속 모든 설정은 픽션이다. 가상의 공간에서 이루어졌다는 점에서 현실과는 그 무게감이 다르다. 만약 그 영화가 논픽션으로 제작되었다면 호랑이와 함께 구명보트에 남겨졌을 때 단 1초도 생존할 수 없었을 것이라고 장담한다. 현실은 그만큼 가혹하고 냉정하다. 영화 속에서 주인공이 겪는 극적인 사건들은 우리가 예상하는 대로 전개되지만, 현실은 그렇게 쉽게 결말을 맞이하지 않는다.

우리가 사는 세상은 치열하고 예고가 없다. 분명히 어딘가로 가야 하는데 어디로 가야 옳은지, 어딘가로 가는 것 같은데 무엇을 향해 가고 있는지, 지금 나아가고는 있는 것인지, 아니면 제자리에서 뱅뱅 돌고 있는 것인지, 삶의 주체이자 당사자인 자신조

AI 시대, 불안한 오늘을 살아가는 너에게

차도 확신이 서지 않는다. 막막하고 답답하다. 주위를 둘러봐도 진정한 내 편이 없다. 안타깝지만 이것이 현실이다.

도움을 구하려고 이리저리 기웃거려 보지만 마땅한 사람이나 지원도 없다. 이때 세상이라는 망망대해에 표류하는 '혼자'인 자신을 만나게 된다. 그렇지만 섣불리 외로워하지 마라. 실제로 보면 너나없이 같은 처지다. 다만 그들 역시 아닌 척 살아갈 뿐이다.

세상에 대한 두려움을 갖는 것은 당연하다. 우리는 매일 익숙한 듯 살아가지만 모두 '지금'은 처음 사는 것이다. 되돌려 살 수도 없고 지우고 다시 시작할 수도 없다. 매우 불합리한 조건이지만 한편으로는 누구에게나 공평해서 다행이다.

삶의 지향점을 찾는 질문 일곱 가지

자, 이제 망망대해를 헤쳐가기 위해 무엇을 먼저 할 것인가. 만약 나의 제안을 받아들인다면 가장 먼저 해야 할 일은 나침반을 꺼내 들어라. 어떤 이들은 "죽지 않으려면 노를 저어야 한다."라고 말할지도 모른다. 하지만 천만에! 노를 젓기 전에, 먼저 나아갈 방향을 찾아야 한다.

나침반이 가리키는 방향은 바로 자신이 추구하는 가치의 설정이다. 더 구체적으로 묻는다면, "어떻게 살고 싶은가?"라는 질문이다. 이 질문을 던지면, 대부분의 대답은 한결같을 것이다.

"잘!"

이 한 단어에 모든 것을 내포해 답한다. 혹시 이 지점에서 고개를 끄덕이고 있지 않은가. '잘', '아주 잘'이란 대답은 초등학생도 한다. 만약 나의 대답이 이 수준에 그쳐 있다면, 너무 모호하고 막연하게 오늘을 살고 있다는 것이며 이를 반성해야 한다.

우리가 사는 데 있어 삶의 방향이 없거나 불확실하면 삶의 이유를 찾기가 어렵고 살아가는 의미를 발견하기도 힘들어진다. '어떻게 살아갈 것인가'에 대한 고민에 '잘' 이외의 답을 찾지 못하겠다면 '잘 살기 위해 어떻게 살 것인가?'라고 자신에게 되물어보자. 설마 '열심히', '적극적으로', '죽어라 노력하면서'라고 답하는 건 아니겠지. 제발 아니길 바란다.

'부자로 떵떵거리면서 살고 싶다, 사회적으로 인정받고 싶다, 사회 변화에 일조하고 싶다, 더불어 잘사는 사회를 만들고 싶다, 사람의 생명을 구하고 싶다, 과학 기술의 혁신을 이루겠다, 정의를 실현하겠다, 학문 발전에 기여하고 싶다, 새로운 디자인을 창출하고 싶다, 사람들의 생각을 창의적으로 이끌고 싶다, 타인을 빛내 주는 역할을 하고 싶다. 깊이 있고 유쾌한 사람이 되겠다, 유한에 무한을 담겠다, 자유로운 영혼이 되겠다, 이타심과 박애정신을 실천하겠다, 느리지만 꾸준히 나아가겠다.'

이렇게 다양한 방향이 나온다면 그게 바로 자기 삶의 지향점이다. 지향점은 우리가 살아가는 가치에 보람을 더해 주는 중요한 지표이다. 그것은 물질적인 면에서의 욕구일 수도 있고, 정신적인 성장이나 내면의 충족을 향한 욕망일 수도 있다. 중요한 것은 자신의 삶에서 진정으로 추구하고 싶은 가치를 찾아, 그에 맞는 방향을 설정해야 한다는 점이다.

방향을 잡기 위해선, 다양한 시각에서 살펴보고 고민하는 지혜가 필요하다. 하나만 알고 그 길만 고수하는 것도 가치 있는 일이지만, 진정으로 자신이 원하는 삶을 살고 있는지 되짚어볼 여지가 없다면, 어느 순간 방향에 혼선이 생기고 갈팡질팡하게 될 수 있다. 결국 나중에는 후회가 찾아올 수도 있다.

지향점은 현재의 불만을 객관적으로 바라볼 수 있게 돕는다. 자기 지향점 안에서 '나'를 돌아보면 내적인 걸림돌이 보이고 외적인 장애물도 보인다. 그것이 어느 정도 자신의 발목을 잡고 있는지도 알게 된다. 그러면 그 구속이나 올가미에서 벗어나는 방법을 찾게 된다. 해결방안을 모색하며 그 길을 알아볼 수 있다. 문제요인을 어느 지점에서 어떻게 바라보느냐에 따라 직면한 문제가 크게도 보이고 작게도 보인다. 또한 판단의 기준에 따라 불만을 해소하는 방법이나 해결하는 방법도 달라진다.

예를 들어, 자신은 '박애'를 실천하고 싶은데 이를 진로로 잡기에는 현실적으로 어려워 포기한다면 실천력이 없다는 뜻이다. 언행일치가 안 되는 사람이거나 지향점과 다른 방향으로 노를 젓는 사람이다. 멋지고 훌륭한 지향점이라 할지라도 자신이 감당하지 못하면 방향을 바꿔야 한다. 자신에게 진정한 가치가 있는 삶의 방향 또는 삶의 지향점은 자기 행동과 의지를 바꾸는 힘이다.

그러나 지향점이 어느 날 불쑥 찾아지는 것은 아니다. 갑자기 정한다고 해서 지향점이 되는 것도 아니다. 지향점을 찾기 위해 다양한 가치들을 타진해 보자. 이를 기회로 자기 삶을 넓은 관점에서 바라보는 시야를 확보할 수 있다. 넓은 시야를 가지면 더 큰 가능성을 볼 수 있고, 자기의 삶에서 무엇이 더 중요한지, 어느 부분을 강화해야 하는지 알 수 있다. 해야 할 일과, 하지 말아야 할 일이 구분된다. 이를 바탕으로 지향점을 향해 가는 과정에서 자기 가치를 상승시키며 누구나 부러워할 성과를 낼 수 있다.

이제 자기 자신에게 끊임없이 질문하며 방향을 찾아보자.

1. 나는 무엇을 할 때 행복한가?

AI 시대, 불안한 오늘을 살아가는 너에게

2. 내 미래를 어떤 일에 걸 수 있는가?

3. 무엇이 나를 성장시킬 수 있을까?

4. 내가 태어난 이유는 무엇일까?

5. 내가 죽기 전에 해야만 하는 일은 무엇일까?

6. 나는 무엇에 가장 분노를 느끼는가?

7. 사회에 내 작은 힘을 보태 어떤 효과를 거두고 싶은가?

이런 식으로 자기에게 질문을 하다 보면 자신이 추구하는 가치와 일치하는 욕구를 발견할 수 있다. 대답하기 난해한 질문보다 구체적이고 본질적인 질문을 던지는 것이 좋다. 철학이라면 심오하게 들리겠지만, 일반적인 사고도 개인의 관점에서는 철학이라고 할 수 있다. 그 철학이 곧 자기의 심지가 된다. 자기가 살아가는 방식인데 누가 뭐라고 할 사람도 없다. 자기만의 방식이고 살아가는 방향이면 된다. 단서가 붙는다면 절대적으로 남에게 피해를 주지 않아야 한다는 것이다.

시간과 에너지를 들여 지향점을 찾을 때 많은 사람이 책에서 도움을 받지만, 꼭 책이어야 할 이유는 없다. 때로는 우연히 만난 사람이 삶의 전환점이 되기도 하고, 다큐멘터리나 영화 한 편이 새로운 방향을 제시해 주기도 한다. 그림에서 영감을 얻고 삶의 지향점을 발견해 자기 이름을 바꾼 사람도 있다. 다만 현실적인 문제에 집착하지 말고, 진취적이고 긍정적으로 삶의 지향점을 찾아보자. 거시적 안목을 가진 사람만이 거시적인 사람이 될 수 있다.

끝없는 망망대해에서 죽을힘을 다해 헤엄쳐 봤자, '방향'이 잘못되었다면 결코 '목적지'에 닿을 수 없다. 인생이 나아갈 지향점 설정에 신중해야 하는 이유이다. 또한 미래에 대한 자신만의 정확한 비전을 세우는 일에 '깊이'가 빠져서는 안 된다. 지향점이 분명하면 일상에서 문제에 부딪히거나 난관에 봉착해도 올바른 결정을 내릴 수 있다. 지향점을 바라보는 것만으로도 우리는 생기 넘치는 에너지를 생성하게 된다. 자기가 추구하는 것을 진정으로 갈망하기 때문이다.

'왜 사는가?'라고 자문하고 답을 찾는 일과 맥이 통하는 삶의 방향 설정에 절대 나태함이 있어서는 안 된다. 내가 나아갈 방향은 어디로 설정되어 있는가. 그 목적지에서 자기만의 태양이 뜬다.

AI 시대, 불안한 오늘을 살아가는 너에게

나를 바꾸는 한 걸음

1 하루 중 가장 많은 시간을 할애하는 것은 무엇인가?

2 가장 인상 깊었던 것들을 적어보자.(책, 노래, 영화, 그림 등 구체적으로 느낌까지.)

3 자신이 꿈꾸는 가장 이상적인 자기 모습을 그려 보자.

4 하루의 일과를 마무리하며 그날과 연관된 단어 100개를 적어보자.

5 자기 내면에 있는 가장 큰 걸림돌을 해결하기 위한 자기만의 규칙을 만들어보자.

6 아침에 눈을 뜨자마자 '나는 누구인가?' 질문해 보자.

어떤 역할이든 자신감이 넘칠 때 빛난다

"무엇이 여러분을 바꿀 수 있습니까?"

이 질문에 대한 대답은 무엇일까? 강연 중에 학생 30명에게 물었더니 '돈'이라는 대답이 가장 많이 나왔다. 돈이 있으면 자신의 환경을 바꾸고 입지를 바꿀 수 있다는 의견이었다. 이 말이 완전히 틀린 대답은 아니지만, '돈'을 무소불위의 권력으로 보는 것 같아 아쉬움이 남았던 기억이 난다.

자본주의 사회에서 '돈'이 중요한 역할을 담당하는 것은 부인할 수 없지만 돈이 '나'의 가치를 높인다는 생각에는 동의하기 어

AI 시대, 불안한 오늘을 살아가는 너에게

렵다. 세상이라는 무대에서 내가 맡을 역할을 돈이 결정하지는 않는다. 돈은 단지 그 역할에 대한 보상일 뿐이다. 그러므로 자신만의 무대에서 삶을 변화시킬 수 있는 것이 무엇인지 스스로 깊이 고민해 봐야 한다.

세상은 5개의 대양과 6개의 대륙을 가진 커다란 무대이다. 우리가 잠을 자는 밤에도 지구 반대편에서는 해가 뜨고 있으니 365일, 하루 24시간 동안 조명이 꺼지지 않는다. 날짜 변경선에 따라 시간대는 다르지만, 동시대를 살아간다는 시대적 배경은 같다. 기후와 자연환경에 따라 무대가 펼쳐지는 장소는 다르지만, 지구라는 큰 틀 안에서 보면 공간적 배경도 같다. 과학 기술의 발

달로 대륙을 쉽게 넘나들 수 있고, 시공간을 초월해 만날 수 있으니 우리가 감당해야 할 무대는 그만큼 넓어진다.

세상을 무대라고 하면 우리는 각자 역할을 맡은 연기자다. 자신이 원하지 않았더라도 태어났다는 이유만으로도 무대에 올라야 하는 출연진이다. 태어나면서부터 정해진 기본 역할을 중심으로 활약하고 무대를 넓혀 간다. 관계를 형성하고 자신의 역할을 확립해 나간다. 비슷한 배역이라도 어떤 가치관을 가지고 삶의 무대에 임하느냐에 따라 받는 박수와 갈채는 달라진다.

자신이 활약할 무대 범위도, 역할의 비중도 개인의 선택에 달려 있다. 그러나 사람들 대부분은 이점을 간과한다. 나무에서 사과가 떨어지기를 기다리는 것처럼, 누군가가 자기 손에 큼직한 떡을 쥐여 주기를 기다리는 것이다. 절대 그런 일이 일어나지 않는다는 것을 알지만 직접 사과를 따러 나무에 오르지 않는다. 떡을 찾아 나서지도 않는다. 그것이 자기 역할임을 망각하고 거저 주어지기만을 바란다. 그러나 단언컨대, 사과나무에 오르지 않는 사람에게 좋은 사과는 절대 주어지지 않는다. 저절로 떨어지는 사과는 온전할 리 없다. 떡을 직접 만들지 않는 사람이 얻어낼 수 있는 것은 콩고물밖에 없다.

우리는 각자 자기 이름으로 '○○○의 인생'을 쓰는 원작자이고 감독이며 주연배우다. 현재 주어진 조건에 맞춰 자신의 역할과 활동무대를 미리부터 제한하지 말자. 무한한 가능성을 지니고 있다고 믿고 제 몫을 해낼 수 있다는 신뢰를 자신에게 보내야 한다. 그래야만 주인공인 여러분의 배경이 확대되고 역할의 비중이 높아진다.

자신의 의지로 하는 일은 무엇이든 지지하고 응원하자. 어차피 세상은 처음 살아보는 것이고 작가의 마음대로 주인공이 활약을 펼칠 수 있다. 시야를 넓혀라. 세상을 품고, 자신이 활약할 작품을 그려라. '내 인생은 소설감이야!'라고 말로만 떠들지 말고, 직접 기획하고 꾸며보자. 삶은 단지 지나가는 시간이 아니라, 우리가 손에 쥔 도화지처럼 우리 자신이 그려 나가는 이야기다.

✖ 내 인생으로 쓰는 시놉시스 (어떤 포부가 생길 때마다 작성하기)

1. 등장인물 ○○○

나이 ○○살.

성격 :

특이사항 :

2. 배경

시간 : ○○○○년 ○○월 ~ ○○○○년 ○○월까지

공간 : _____에서

3. 사건 (예시)

· 발단 : 일러스트레이터를 꿈꾸다. 현재 고등학교 2학년. 공부가 '나'하고 안 맞는다는 것을 알고 슬렁슬렁 다니고 있다. 사는 재미도 없다. 그런데 우연히 그림책을 보다가 '아, 그림을 그리고 싶다'는 생각이 들었다. 그 상황이 또렷하다.

· 전개 : 상담하는 사람마다 비전이 없다고 말한다. 그림을 배울 생각을 하니 들뜨지만, 비용이 만만찮다. 용기 내 학원에 상담하러 갔다.

· 위기 : 출판사에 그림을 그려 보냈지만 보내는 족족 떨어진다. 공모전에도 내보았지만 예선 통과도 못 했다.

· 절정 : 첫 그림책 출간 계약을 맺다. 유럽 수출용 작업도 병행한다.

· 결말 : 상을 받고 유명해졌다.

* 글의 구성은 구체적이고 현실의 상황에 맞게 하면 더 좋다.

전철을 타고 가던 중 우연히 학생들의 대화가 들려왔다.

"○○시험이나 한번 봐볼까?" 그 학생이 한번 봐 볼까 한 시험은 매우 어려운 시험이다. 무슨 일이든 '그냥 봐볼까, ○○이나 해볼까' 하는 마음으로 덤벼서는 안 된다. 어떤 일이든 만만한 일은 없다. 눈에 불을 켜고 그 일에 도전하는 사람도 많다. 어떠한 일이든 그 일에 매달리는 사람, 간절히 원하는 사람이 많다는 점을 간과하면 안 된다. 자신이 하고 싶은 일에는 '절실함'이 깃들어야 한다. 간절한 마음으로 임해야 최선을 다할 수 있고, 온전히 집중할 수 있다. 어떤 부분이든 대충해서는 최상의 결과를 얻을 수 없다.

 ## 나를 바꾸는 한 걸음

1 자신이 맡고 있는 모든 역할을 빠짐없이 적어보자.

2 자신이 맡은 역할마다 가지고 있는 매력 포인트를 적어보자.

3 자신을 믿는 이유를 최대한 많이 적어보자.

4 신이 나에게 어떤 역할을 주었으면 좋겠는가?

5 위 4번 질문에서 답한 역할로 사회를 위해 무슨 일을 할 수 있을까?

6 자신이 누군가를 위해 희생한다면 그는 누구이고 왜인가? (단, 가족은 제외)

제임스 캐머런,
모험은 자신에 대한 도전

다람쥐 쳇바퀴 돌 듯 우리 일상은 반복의 연속이다. 변화나 일탈을 시도해도 언제나 오뚜기처럼 제자리로 돌아온다. 불안하기 때문이다. 모험을 시도했다가 잘못되면 어쩌나 하는 우려와 실패했을 경우 입을 타격을 미리 계산한다. 그러다 보니 계획하고 생각한 만큼, 실제로 그것을 실행에 옮기기가 어려운 것이 사실이다.

산악인 다큐멘터리를 볼 때면 히말라야에 오르고 싶어진다. 우주인 공모 뉴스를 접하면 떨어질 게 자명한 사실이지만 응모라도 해보고 싶다. 나이를 불문하고 꿈틀대는 열정은 식지 않았다. 어떤 모험도 할 준비가 되어 있지만, 현실이 그 열정을 뒷받침해 주지 않는다. 그런데 이처럼 모험을 삶의 이유로 삼고, 실제로 그것을 실행한 사람이 있다. 바로 영화감독 제임스 캐머런James Cameron이다. 우리에게는 〈터미네이터〉, 〈타이타닉〉, 〈아바타〉 등으로 유명하다. 캐머런은 어린 시절에 미술을 공부했고, 자라서는 그림을 그렸다. 독서광이었던 그는 특히 자기가 좋아하는 SF 소설을 탐독하며, 그 시각적 상상력을 표현하는 데 관심을 가졌다. 엔지니어였던 아버지에게 카메라를 빌려, 16mm 영화 습작과 미니어처를 직접 만들어 특수효과도 실연했다. 글을 쓰고 싶어 캘리포니아 주립대학교를 중퇴한 캐머런은 결혼을 하고, 트럭 운전사나 만화가 어시스턴트 등의 직업을 전전한다. 그러다 〈스타워즈〉를 본 뒤 엄청난 충격을 받아 본격적으로 영화계에 뛰어들 결심을 굳힌다.

그는 직접적이든 간접적이든 현대화된 기계문명을 신랄하게 비판한다. 아이러니하게도, 테크놀로지를 비판하기 위해 오히려 최첨단 기술을 아낌없이 활용한다. 하지만 그가 그려내는 세계는 관객의 시선을 사로잡는다. 그는 바다와 우주에 깊은 관심을 가진 인물이다. 그의 영화에는 유독 푸른 색채가 강하게 드러나는데, 이는 우주와 심해, 금속성 물체를 표현하는 데 필수적인 색이기 때문이다. 또한 특수효과 작업에서도 활용이 용이해 그가 특히 선호하는 색이기도 하다. 급기야는 등장인물들이 모조리 파란

색인 영화 〈아바타〉도 있다.

캐머런은 주체적이고 강한 여성 캐릭터를 많이 만들어 내 호평을 받았다. 〈에이리언 2〉의 엘렌 리플리부터 〈터미네이터〉의 사라 코너, 〈타이타닉〉의 로즈 등 적극적이고 활동력 강한 여성 캐릭터는 캐머런의 상징처럼 받아들여진다. 이에 대해 캐머런 감독은 한 인터뷰에서 어린 시절부터 강한 여성상이었던 어머니와 할머니를 존경하며 자랐다고 밝혔다. 또한 자신이 영화 일을 시작했을 당시, 영화계에는 전형적인 강한 남성 주인공이 압도적으로 많았기에 이에 대한 반발심으로 강한 여성 캐릭터를 많이 창조하게 되었다고 설명했다. 다만 오늘날엔 주체적이고 강한 여성 주연 캐릭터를 만들어 내는 작품들이 많아지다 보니 굳이 이런 부분에 대해서 고집하지는 않는다고 한다. 그보다는 남성과 여성을 구별하지 않고 강한 주체성을 가진 캐릭터를 만들어가는 것에 대해 더 흥미가 있다고 했다.

기존의 흐름을 바꾸려는 시도는 모험심의 발로다. 반짝이는 아이디어나, 한 번의 시도로 이루어지는 것이 아닌 자신의 가치관이 담긴 삶의 철학으로 보인다. 그는 어린 시절부터 모험을 꿈꿨고 동경했다. 그의 자전적 다큐멘터리 〈딥씨 챌린지〉를 보면, 그가 모험을 어떻게 바라보는지 알 수 있다. 종이 상자에 들어가 작은 구멍으로 세상을 내다보는 장면은 기존의 시각에서 벗어나 세상을 다르게 보려는 그의 독창적인 세계관을 강하게 느끼게 한다. 특히 바닷속에 대한 호기심은 탐구와 탐닉이 여전히 진행 중이다. 그는 직접 잠수정을 디자인하고, 기술자들을 섭외해 제작하는 과정까지 세밀하게 개입했다. 겨우 한 사람밖에 들어가지 못하는 잠수정, 생명을 보장할 수 없는 상황에서도 그는 직접 모험을 강행한다. 그리고 끝내 그가 도달한 심해 11킬로미터 지점. 암흑과 고요 속에서 그는 자신의 동경이 현실이 되는 순간을 체험했다.

한편, 캐머런의 이 작품을 보고 나서 지금까지 신비롭게만 여겼던 심해에 대한 환상이 깨지기도 했다. 해초들의 속삭임이나 오색찬란한 바닷속 풍경은 회색빛 화면 속에 묻혀버렸다. 그런데 영화를 다 보고 나면 두고두고 잊히지 않는 장면이 있다. 영화에서도 몇 번 오버랩되는 장면, 바로 종이상자 안에서 꿈꾸던 바다의 모습이다. 〈아바타 2〉의 배경은 '심해' 아니었던가.

지금도 캐머런 감독은 이제까지 이룬 명성에 안주하지 않고 모험을 강행한다. 아마도 그것이 그가 살아가는 이유이자 목표일 것이다. 그는 단순한 영화감독이 아니라, 우리 안에 잠들어 있는 모험심과 열정에 불을 지펴주는 불쏘시개 같은 존재다.

마리암 미르자카니,
어려우니까 도전

사회적 통념은 생각보다 두터운 벽이다. 묵시적으로 통념에 대한 도전은 금기시되기도 했다. 특히 사회적 가치를 담은 일이나 직업적 영역에서 남녀를 구분하는 차별은 동서고금을 막론하고 지속되어 왔다. 그로 인해 여성은 자신의 진로를 결정할 때, 보다 일반적이고 보편적이며 안정적인 분야를 선택하는 경향이 강하다. 그러나 자신이 꿈꾸는 영역이라면 과감히 도전해야 한다. 사회의 이목에 겁낼 필요는 없다.

2014년 또 하나의 '최초 여성'이라는 수식이 붙는 상이 발표되었다. 수학 올림픽으로 불리는 필즈상Fields Medal이었다. 필즈상은 국제수학연맹[IMU]이 4년마다 개최하는 세계 수학자 대회[ICM]에서 40세가 되지 않은 수학자에게 수여하는 상이다. 수학자들에게 가장 큰 영예로 받아들여진다.

그해의 주인공은 이란 출신의 수학자 마리암 미르자카니[Maryam Mirzakhani] 미국 스탠퍼드대학교 수학과 교수였다. 그녀는 기하학 분야에서 뛰어난 연구 결과를 보였다. 기하학 중 모듈라이 공간을 해석한 「리만 곡면의 역학 기하학과 모듈라이 공간」이라는 논문이 그녀에게 영광을 가져다주었다.

미르자카니는 원래 작가 지망생이었다. 이야기를 읽고 쓰는 것을 좋아했던 그는 위인전을 특히 좋아해 마리 퀴리나 헬렌 켈러, 반 고흐 등의 이야기를 읽으면서 야망과 의지를 키웠다. 중학교부터 고등학교 과정까지 이란의 영재 교육 기관인 NODE[National Organization for Development of Exceptional]에서 운영하는 여학생 대상 학교 파르자네간[Farzanegan]에서 공부했다.

그녀가 처음부터 수학에 흥미가 있었던 것은 아니다. 오히려 스스로 수학을 잘하지 못한다고 생각하며, 흔히 말하는 '수포자'와 다름없는 상태였다. 수학 선생님도 그녀가 특별히 수학을 잘하는 학생이라 생각하지 않았다. 그러나 이듬해 용기를 북돋아주는 수학 선생님을 만나 인생 항로가 바뀌었다. 수학 성적과 실력이 크게 발전했다. 이를 계기로 그녀는 수학자의 꿈을 가지게 됐다.

　그녀는 세계수학자대회 참석을 위해 서울을 방문한 자리에서 '수학을 잘하게 만드는 가장 좋은 방법은 용기를 주는 것'이라고 강조했다. 격려와 칭찬은 부족한 실력도 향상시킬 수 있으며, 여기에 '할 수 있다'는 자기 확신이 더해지면 가능성은 더욱 커진다는 것이다.

　미르자카니는 자신의 수학 실력이 어느 정도 경쟁력이 있는지 확인하기 위해 교장 선생님을 찾아갔다. 그리고 남자 영재학교 학생들과 함께 문제를 풀고 가르치는 수학 교실을 만들어달라고 요청했다. 그녀의 적극성을 높이 평가한 교장 선생님은 미르자카니를 이란 역사상 최초의 여학생 국제 수학 올림피아드 참가자로 추천했다. 결과는 금메달이었다.

　그녀는 이후 이 경험이 자신에게 엄청난 영향을 주었다고 회상했다. 1994년의 일이었다. 그리고 이듬해 다시 대회에 출전한 그녀는 이란 대표로서 처음으로 만점을 기록하며 두 개의 금메달을 목에 걸었다.

　테헤란의 샤리프 공과대학교에서 수학을 전공한 그녀는 이후 미국으로 건너가 하버드대학교에서 2004년 박사 학위를 받았다. 그의 지도교수는 필즈상 수상자인 커티스 맥멀런이었다. 이후 2008년, 그녀는 스탠퍼드대학교 교수로 임용되며 학계에서 본격적인 연구 활동을 이어갔다.

미르자카니는 스스로를 '느린 사람'이라고 말했다. 대부분의 수학자가 문제를 빠르게 해결하는 데 비해, 자신은 천천히 사고하고 풀어나가는 스타일이라는 것이다. 그러나 그 과정에서 지치거나 스스로에게 실망한 적은 없었다고 한다.

미르자카니는 유방암으로 40세의 나이에 세상을 떠났다. 그녀는 자신을 단련시켜 세상에 내보였고, 자신이 부족하다고 생각하는 분야에서, 여성이 쉽게 도전하지 않는 일에 자기 인생을 걸었다. 도전을 즐긴 미르자카니는 "삶은 쉽지 않아야 한다!"라는 말로 인생에 의미를 부여했다.

선배들이 가지 않았던 길, 최초의 시도, 자기 발전을 위한 도전에 용기를 내는 여러분을 응원한다. 도전을 통해 '나'의 진가가 발휘될 것이다!

나답게 리셋
두 번째

*

내 인생, 내 무대!
나답게 펼치기

●　　　'나'는 내가 만들어 내는 모든 것의 출발점이다. '나'는 결정의 주체이고 행동의 주동자이며 결과의 책임자이다. 세상이 아무리 빠르게 발전하고 바쁘게 돌아가도 자신이 주체가 되지 못한 것들은 별다른 의미가 없다. '나'의 영향력이 발휘되는 곳에서 '나'의 진가가 드러나기 때문이다. 그래서 이 세상에 존재하는 것 중 '나(자신)'가 가장 소중하다.

●　　　잘 알다시피 세상은 '나'보다 우수한 사람들로 차고 넘친다. 살아갈수록 지칠 수밖에 없다. 상처받고 치여 사느라 힘들어도 의지할 곳이 없다. 그래서 더 악착같이 살아가기 위해 혼자서도 꼿꼿이 설 수 있도록 자신을 담금질한다. 그 힘의 바탕에 자부심이 있다. 바로 그 자부심이 자신을 지탱해 주는 원초적인 힘의 근원이다. '나'에 대한 존재 가치를 인정해야 비로소 자신감이 생긴다. 그 자신감이 있기에 지긋지긋하고 지독한 경쟁에 뛰어들고 거기서 분투할 수 있다. 자신을 남다르게 이끌 수 있는 원동력으로 작동하여 성취감을 맛보게 한다. 그렇다면 '나'에 대한 자부심, '나'에 대한 자존감에서 우러나오는 자신감을 지키기 위한 자기 관리는 필수다.

성장하는 마인드가 빛을 낸다

스탠퍼드대학교 심리학과의 세계적 석학 캐럴 드웩Carroll Dweck 교수는 사람들이 가진 두 가지 마음가짐에 대해 발표했다. '고정 마인드셋Fixed mindset'과 '성장 마인드셋Growth mindset'이다. 고정 마인 드셋을 가진 사람은 자신의 재능과 능력이 타고난 자질이며 변하 지 않는다고 믿는다. 아무리 노력해도 본래 성향이나 능력을 바 꿀 수 없으며, 변화하려는 시도 자체가 무의미하다고 여긴다. 반 면, 성장 마인드셋을 가진 사람은 재능과 능력이 끊임없이 발전 할 수 있다고 믿는다. 꾸준한 노력, 효과적인 전략, 그리고 주변의 지원과 도움을 통해 스스로를 성장시킬 수 있다고 생각한다.

고정 마인드셋을 가진 사람은 도전과 실패를 두려워한다. 자신의 능력에는 변함없는 한계가 있다고 믿기 때문에, 어떤 일을 시도하더라도 결국 자신의 결점이 드러날 것을 걱정한다. 그래서 어떤 일에 도전할 때 '분명히 나의 ○○○○점 때문에 잘할 수 없을 거야.'라고 단정 짓는다. 그들은 자신의 한계가 사람들 앞에 드러나는 것을 부끄럽게 생각하며 창피를 당하느니 도전 자체를 회피한다. 일부러 그것에 관심 없는 척한다. 그 결과 어떤 일에서든 앞을 보고 달리지만 제자리 뛰기를 하는 것과 같다. 열심히 살지만 정해진 범주 안에서 절대 벗어나지 못하고 뱅뱅 도는 양상이다.

그러나 성장 마인드셋은 다르다. 단어가 주는 어감에서 느껴지듯, 자신을 개발하면 할수록 발전하며 나아질 수 있다고 믿는다. 무수한 도전에 겁내지 않고, 도전은 자기 능력을 키워 주는 기회라고 여기며, 그에 따른 위험 요소에도 굴하지 않는다. 실패하더라도 정신적으로 회복하는 속도가 빠르다. 한 번의 실패가 자신의 모든 역량을 집어삼켰다고 생각하지 않고 실패와 동시에 원인을 분석하고 같은 실패를 반복하지 않기 위해 약점을 보완하려 노력한다. 디딤돌이 놓인 개천을 건너다가 미끄러졌다고 해서 그대로 주저앉지 않는다. 잽싸게 디딤돌 위에 올라서서 자신이 건너야 할 목표지점을 다시 바라본다. 보폭을 넓히거나, 신발을 벗는 등 다음에는 미끄러지지 않기 위한 방법을 연구한다.

AI 시대, 불안한 오늘을 살아가는 너에게

자신의 의지에 '성장 마인드셋'이 장착되면 인생의 진로와 방향이 바뀐다. 자신을 믿고 신뢰하는 태도가 자연스럽게 자리 잡기 때문이다. 사실 성장 마인드셋이라는 개념을 몰라도 책이나 강의에서 흔히 듣는 조언이 바로 이것이다. '자신의 가능성을 믿어라'라는 메시지 말이다. 그렇다면 어떻게 그 마인드를 가질 수 있을까?

성장 마인드셋은 어떻게 가질 수 있는가

가까운 주위 친구와 비교해 봐도 '나'는 타고난 재능도 없고, 누구나 있다는 잠재력도 눈을 씻고 봐도 없다. 장점이 보여야 털끝만 한 자신감이라도 찾을 것 아닌가. 또 사랑스러운 구석이 있어야 자신을 사랑할 것 아닌가. 그런데 돌아보니 기를 쓰고 공부해 보지만 성적은 오르지 않고, 좋아하는 운동을 하거나 관심 분야의 책을 읽었더니 시간을 낭비했다는 핀잔만 듣는다. 진로상담 시간에 가고 싶은 학교나 학과를 말해도 성적 이야기에 기가 죽는다. 비싼 돈 주고 학원에 등록해도 성적을 기준으로 줄을 세우고 "여태 공부 안 하고 뭐 했냐?"라는 질타만 받는다. 동영상 강좌를 듣고 나름대로 열심히 하는데도 성적은 오르지 않는다. 그럼에도 불구하고 주위에서는 '자신의 가능성을 보라'는 둥, '재능을 발전시키라'는 둥, '내일의 희망을 품으라'는 말을 거리낌 없이 한다. 그런 말을 들을 때마다 오히려 좌절감만 커진다.

그런데 우리는 신기하게도 자신을 다 아는 것 같지만 백 분의 일도 간파하지 못하고 있다. 사람들은 남들에게 보여줄 수 있는 능력을 기준으로 자신을 평가한다. 사회에서 평가하는 기준을 자신의 기준으로 삼아 선을 그으려 한다. 상대 평가에 맞춰 자신을 바라보기 때문에, 그 안에서 자신을 칭찬하거나 격려할 단서를 찾기 어렵다.

굳이 객관성을 운운하며 스스로 깎아내리지 않아도 우리는 사회 속에서 평가받게 되어 있다. 언제 어디에서건 우리를 평가하려는 사람들은 많다. 부모님의 잔소리만 생각해도 그렇다. 부모의 기대 수준에서 어긋나면 끊임없는 잔소리로 다그친다. 사회로 나가면 상황은 좀 더 심각해진다. 어떤 사람들은 아예 나에게 관심이 없거나, 나를 경쟁자로 여겨 내 능력이 '제로'가 되기를 바란다. 친구도 예외는 아니다. 서로의 이익이 충돌하면 갈등과 마찰이 일어나기 마련이다. 결국 어디에서도, 누구도 나를 온전히 받아들이지 않는다.

이런 상황에서 대체 왜 자신조차도 '나'에게 관대하지 못하고 채근하고 보채며 닦달하는가. 그렇게 해서 나아진다면 백 번이고 천 번이고 하겠지만 스스로 자신의 기를 죽일 뿐이다.

애쓰는 나를 다독다독하기

이제 자신을 절대평가의 눈으로 격려할 단서를 찾아 나서야 할 때다. 자신이 진심으로 인정하고, 스스로 엄지를 척 올릴 수 있는 그 무엇이면 된다.

· 오늘 머리 스타일 멋진데!

· 오, 이가 여섯 개 보이도록 웃을 수 있다니. 얼굴이 환해 보여.

· 도전하는 거야? 좋았어!

· 약속을 잘 지켰어. 넌, 썩 괜찮은 녀석이야.

· 이것을 내가 했단 말이야? 놀라워!

· 난 라면도 잘 끓이지. 이제 맛있게 먹어볼까?

이런 말을 들으면 은근히 기분 좋아지고 활력이 생긴다. 물론 의도적으로 자기에게 하는 말이지만 그런 말을 해주고 들으면 행동에 커다란 영향을 미친다. 쑥스럽다고? 그렇다면 아무도 듣지 않게 속으로 하면 된다. 남들을 칭찬하거나 격려하는 말은 예의 상이라도 하면서 자신에게는 왜 그토록 인색하게 구는가. 자기 자신을 세상에서 가장 귀하고 후하게 대접하자.

못하겠다며 그 어떤 핑계도 대지 말자. 경제적으로 무리한 요구도 아니며, 경이로운 수학적 능력이나 훌륭한 언어적 표현을 요구하는 것도 아니다. 오롯이 자신이 한 일에 대해 가치를 인정해 주고 북돋워 주면 된다. 그것을 실천했을 때 자신의 자신감 지수는 월등히 높아진다.

특히 도전하는 과제를 수행하는 과정에서 자기 격려는 필수다. 단번에, 애쓰지 않아도 소망하는 것이 이루어진다면 얼마나 좋을까. 원하는 대로 성취할 수 있다면 얼마나 기쁠까. 하지만 세상은 그렇게 만만하지 않다.

어려움의 강도가 높을수록 이겨냈을 때 성취감이 크다. 문제는 그 과정에서 포기하고 싶거나 자신감을 잃고 좌절하는 경우가 발생한다는 것이다. 성과를 내지 못하면 사람들은 결과만 보기 때문에 우리가 애쓴 흔적은 외면하고 경시한다. 아무리 과정에서 얻은 것이 있음을 설명해도, 그것은 변명으로 받아들여질 뿐이다 답답하지만 어쩔 수 없다.

당연하게도 최선을 다하고 힘을 다해도 일이 자기 의지대로

AI 시대, 불안한 오늘을 살아가는 너에게

술술 풀리지 않는다. 기대가 크고 힘을 쏟은 만큼 마음대로 이뤄지지 않으면 갈수록 힘이 떨어지고 동력은 상실해 간다. 기운이 빠지고 우울감에 빠지기도 한다. 하지만 그럴수록 마음을 다잡아야 한다. 스스로에게 에너지를 제공하며 애쓰고 노력하는 자신을 '칭찬'하자. 이렇게 해줄 때 스스로 마법 같은 효과를 내며 긍정적으로 그 일에 임할 수 있는 원동력이 충전된다. 또한 직면한 어려움을 이겨낼 용기도 생기고 자생력이 강해져 더 나아지게 된다.

· 이 문제를 풀다니! 더 잘할 수 있겠는데.

· 오늘 집중력은 끝내줬어!

· 계획대로 하루를 살다니. 뭐든지 할 수 있겠어.

· 오늘은 못 했지만 내일은 할 수 있잖아.

· 왜 안 되겠어. 난데!

이것은 절대 나르시시즘이 아니다. 나름대로 애쓰는 자신에게, 오늘보다 나은 내일을 꿈꾸며 최선을 다해 사는 자신에게 내면의 힘을 부여하라는 것이다. 자기만이 할 수 있는 일이다. 스스로 했을 때 진정한 가치가 발휘된다.

하버드대학교 첫 여성 총장인 드루 길핀 파우스트^{Drew Gilpin Faust}는 이렇게 말했다.

> "자기 삶을 좌지우지할 수 있는 사람은 없습니다. 당신의 마음속 깊은 곳 진정한 나를 제외하고 말이에요. 삶의 의의는 여러분 손에서 만들어지는 것입니다."

자신의 품은 뜻과 의지는 생각을 바꾸고, 그 생각이 행동을 바꾼다. 행동이 바뀌면 운명도 바뀐다. 스스로 인정하고 격려하는 힘을 무시하지 말자. 남이 해주는 감언이설에 만족해서는 안 된다. 자신을 냉정하고 객관적으로 바라보며, 변화할 모습을 그리면 자기 행동에서 격려할 단서가 보인다. 달콤하거나 귀에 솔깃하지 않아도 자신에게 툭 내뱉어보라.

· ○○아, 잘하고 있어!

· 오늘도 열심히 했구나!

AI 시대, 불안한 오늘을 살아가는 너에게

· 이 정도면 잘한 거야!

· 나니까 할 수 있다!

이렇게 미래를 꿈꾸고 계획하고 설계해 나가는 여러분에게 응원을 보낸다.

 나를 바꾸는 한 걸음

1 자신을 자극할 만한 명언을 모아 보자.

2 자기 생활을 토대로 명언을 패러디해 보자.

3 인생의 좌우명을 지어 보자.

4 하루 중 자기가 한 일을 되새기고 구체적으로 칭찬해 보자.

5 내일 아침 자신에게 해줄 말을 미리 생각해 보자.

6 오늘 자기에게 한 말 중 가장 힘이 되는 말을 떠올려보고, 세 번 크게 외쳐 보자.

꿈이 현실이 되는 판타지는
끈기에서 나온다

영재를 발굴해 소개하는 TV 프로그램이 있었다. 일주일에 한 번, 두 명의 영재를 소개하는데 어린 나이임에도 놀라울 정도의 재능들을 갖고 있다. 타고난 소질로 미래에 탁월한 성취를 보일 가능성을 선보인다. 그들은 기질과 소양에 노력을 더하고 훈련을 거쳐 이러한 성과를 이뤄낸 것이다.

영재가 어린 시절에 인정받는 것이라면, 천재는 한 사람의 업적을 평가해 사후에 부여되는 사회적 인정에 가깝다. 발명왕 에디슨, 물리학자 아인슈타인, 철학자 비트겐슈타인, 음악의 천재

AI 시대, 불안한 오늘을 살아가는 너에게

모차르트와 베토벤, 그리고 그림의 천재 레오나르도 다빈치 등은 우리에게 익숙한 세기의 천재들이다. 영재가 커서 천재가 되는 것 아니냐는 합리적 의문이 들 수도 있다. 하지만 대답은 NO! 천재성은 길러지는 것이지 타고난 것이 아니다.

영재나 천재에게는 공통점이 하나 있다. 바로 '끈기'다. 끈기야말로 영재로 태어나지 못한, 영재성을 발휘하지 못한 사람을 천재적으로 변신시켜 준다. 단적인 예로 우리가 천재라고 부르는 에디슨도 그랬다. 그는 전구를 발명할 때, 무려 9,999번의 실패를 거듭했다고 한다. 이 점만 보아도 그가 얼마나 끈질긴 사람인지 짐작할 수 있다. 대체 얼마나 더 많은 실패를 할 것이냐는 친구의 질책에 그는 이제까지 '전구가 될 수 없는 요인을 발명'했다는 말로 포기할 뜻이 없음을 밝혔다. 그 뒤 10,000번째 실험에서 전구를 발견했다.

천재가 얼마나 고달프고 힘들게 이루어진 산물인지 이제 알겠는가? 그들은 끊임없는 노력과 실패 속에서 성장한다. 춤 동작 하나를 몸에 익히려고 할 때도 마찬가지다. 어떤 분야든, 한 가지 일에 9,999번을 실패하면 결국 전문가의 경지에 오를 수 있다. 그만큼 꾸준한 연습과 인내가 중요하다.

자, 이제부터는 자신이 도전했다 실패한 것들을 머릿속에 떠올려보자. 여러 가지 제약과 상황에 따른 포기도 있었을 것이고, 부모나 환경 때문에 포기한 것도 있었을 것이다. 결심했지만 의지가 부족해 스스로 포기했다면, 그게 조금 민망해질 수도 있을 것이다. 예를 들어, 하루에 영단어 10개를 외우기로 했다고 하자. 결심은 매년 반복되었을 것이고 그것이 2년 전이라면 지금 내가 알고 있는 단어는 7,300단어가 돼 있어야 한다. 과연 그런가? 현재 내가 알고 있는 단어의 개수는? 우리가 이렇다. 다 되는데 끈기가 없다. 특히 자신이 포기한 일에는 지나치게 너그럽다.

실패할 때마다 나를 합리화하지는 않는가?

펜실베이니아대학교 심리학 교수 앤젤라 더크워스^{Angela Duckworth}는 '끈기'가 평범한 사람을 어떻게 변화시킬 수 있는지에 대한 연구 결과를 담아 『그릿』이라는 책을 출간했다. 그녀는 공립학교 교사일 때 성적이 좋은 학생과 나쁜 학생의 차이점이 단순히 IQ에 있지 않다는 사실에 주목했다. 여러 해 학생들의 성장을 지켜보면서 인생의 성공에 있어 재능이나 성적보다 훨씬 중요한 요인이 작용한다는 것을 깨달았다. 그런 그녀가 밝혀낸 것이 바로 '그릿^{GRIT}'이다. 우리말로 바꿔 말하면 '집념', 쉬운 말로 하면

'끈질김'이다.

인생 전반에 걸쳐 보았을 때, 재능보다 끝까지 하겠다는 집념이 더 중요하다. 실패를 거듭하는 사람들을 보면 "조금 해보다가 안 되면 말지.", "몇 번 해봤는데 나하고는 안 맞아."라는 말을 너무도 쉽게 한다. 그뿐 아니다. '난, 여기에 소질이 없어.', '이 정도 했는데 안 되면 내가 할 수 있는 일이 아니야.'라고 믿어 버린다. 자신이 계획한 일에 안일하게 맞선다. 중도 포기에 대한 자기 합리화는 구실이자 핑계다.

만약 통계를 공부하려는 친구가 날마다 "숫자는 나하고 안 맞아."라고 말한다면 뭐라고 조언하겠는가. 그 친구가 잘되기를 바라는 진정한 친구라면 "친구야, 그래도 넌 할 수 있어!"라고 등을 토닥이며 용기를 북돋아 줄 것인가? 아니면 그래도 미래가 확실한 진로를 택했다며 현실 감각을 키워주겠는가? 다 틀렸다. 그 친구는 이미 포기를 준비하고 있는 것이다. 나의 어떤 말에도 그는 변하지 않는다. 일주일 후가 되면 그 친구는 한숨을 쉬며 "나, 다 때려치웠어."라고 말할 것이다.

결국 이기는 사람은 끝까지 물고 매달리는 사람이다. 살아남기 위해 끝까지 버텨야 한다. 버티는 것은 열정만으로 되지는 않는다. 자신을 돌아보자. '용두사미龍頭蛇尾'라는 사자성어가 일상이 되지는 않았는가. 처음부터 열정을 불태우며 시작하지만, 끝은

흐지부지해진다. 언제 그런 일을 시작했는지, 어떤 열정이 자기를 움직이게 했는지 모른 채 끝나 버리고 만다. 매일 유튜브를 30분만 보겠다고 작정하지만, 오늘은 몇 시간을 보았는가. 그뿐만 아니라 시작한 일 중 '작심삼일作心三日'로 끝난 게 얼마나 많은가.

우리는 성급하게도 시작 단계에서 그것을 이루어냈을 때의 환희와 영광을 본다. 계획을 세우는 순간 결과를 먼저 떠올리고 기분 좋아한다. 그 결과를 내기까지 과정에서 무엇이 얼마나 필요한지는 건너뛴다. 한 걸음 만에 도착할 수 없다는 것을 알지만 과정을 건너뛰고 결과만 떠올린다. 이래서는 절대 원하는 결과를 얻을 수 없다. 중요한 것은 열정을 끝까지 유지하는 것이다.

목표를 정하면 끝까지 해보자

자신이 이루어낼 목표의 낭만적인 환상에서 깨어나라. 우리는 쪽배를 타고 개천을 건너는 것이 아니라 큰 배를 타고 태평양을 항해하는 항해자다. 낭만적이겠다는 환상 따위는 일찌감치 집어치우는 게 좋다. 대신 풍랑과 비바람에 맞설 준비를 단단히 하라. 종이를 앞에 놓고 자신의 목표가 향해 가는 곳을 적어보자. 그

AI 시대, 불안한 오늘을 살아가는 너에게

과정에서 항로를 정하고 위험 요소를 체크하라.

✽ ○○○의 ○○○항해일지

· 목표 :

· 도착 예정일 :

· ____________________중간 기착지(○○월 ○○일)

· ____________________중간 기착지(○○월 ○○일)

· ____________________중간 기착지(○○월 ○○일)

'기착지'는 목표를 향해 나아가는 여정에서 이루어진 중요한 성과를 의미한다. 이를 설정하는 이유는 장기적인 목표로 가는 망망대해에서 안정감을 찾고 성취감을 얻어 자신감을 잃지 않으려는 의도이다.

로알 아문센Roald Amundsen과 로버트 팰컨 스콧Robert Falcon Scott이 남극을 정복할 때를 떠올려보자. 아문센은 체계적인 준비로 일정한 간격을 두고 기착점을 설정했지만, 스콧은 그때그때의 상황과 여건에 따라 기지를 만들었다. 결국 아문센은 혹한과 눈보라가 치는 와중에도 피해가 없었다. 하지만 스콧은 모든 것을 잃었다. 이처럼 목표를 설정하는 방식은 여정에 결정적인 영향을 미친다.

우리가 세운 목표는 언제나 도전과 방해를 받기 마련이고, 때로는 위기를 맞거나 좌절할 때도 있다. 그러나 포기하지 않고 나아가기 위해서는 자신만의 리듬에 맞춰 기착점을 세우고, 그 안에서 성과를 이루어 나가야 한다. 그렇게 소기의 성취를 통해 에너지를 충전하고, 지속적인 열정을 유지함으로써 결국 목표에 도달할 수 있다.

목표를 정하기 전에 자신을 관찰하고 연구하자. 자신이 무엇에 관심이 있는지, 무엇을 해야 중간에 포기하지 않고 잘할 수 있는지, 어떤 일에서 성과를 내고 이름을 높일 수 있겠는지 자기를 분석해야 한다. 당장 현실만 좇다 보면 먼 훗날 닭 쫓던 개 지붕 쳐다보는 격이 된다. 남들이 인정하는 일, 당장 돈 많이 버는 일, 쉬워 보이는 일만 찾으면 갓 쓰고 자전거 타는 격이 되어 어울리지도 않을뿐더러 제대로 된 성과를 내기도 어렵다.

목표는 단순히 몇 년을 투자할 대상이 아니라, 나의 인생을 걸고 달려갈 가치가 있는 것이어야 한다. 시간이 흐를수록 나의 명예를 높이고, 안정적인 성장을 이끌어 줄 수 있는 목표를 세워야 한다.

철저한 자기 분석으로 성향과 능력, 관심, 소질을 종합해서 인생의 목적지를 설정하자. 그것을 끈질기게 물고 늘어져야 한다.

열정은 누구에게나 있다. 강도가 다를 뿐이다. 그 열정이 목표에 도달하느냐 못 하느냐는 자신의 끈기에 달려 있다.

목표에 대한 항로를 적은 노트는 두툼할수록 좋다. 만약 적다 말고 그대로 책꽂이에 꽂아놓는다고 해도 분명히 장식 효과를 낼 수 있는 두꺼운 노트를 선택하자. 그만큼 책임감도 무거워질 것이다. 목표를 향해 가는 중간에 포기하면 표류할 수밖에 없고 상어의 밥이 되어 흔적도 없이 사라진다. 각오하라.

 나를 바꾸는 한 걸음

1 자신이 가장 많이 하는 생각을 순서대로 적어보자.

2 무엇을 하는 시간이 가장 즐거운가?

3 자신에게 중요한 것은 무엇인가? 목록을 만들어 적어보자.

4 현재 자신의 레이더에 걸리는 것들을 무작위로 적어보자.

5 무작위로 적은 것 중 목표로 삼을 다섯 가지를 찾아보자.

6 자신의 목표를 향한 항로에 꼭 필요한 것 열 가지를 찾아보자(물건 제외).

신뢰는 내 편에게 내주는 의자이다

무엇을 하든지 지지와 응원을 보내주는 내 편이 있으면 언제 어디서든 든든하다. 운동선수들이 원정경기보다 홈경기에 강한 것을 보면 알 수 있다. 그만큼 자기를 옹호해 줄 사람이 있다는 것은 우리를 힘 나게 한다. 일상을 살아가는 보이지 않는 힘이다.

예전에는 가족이나 친구들이 그 역할을 했다면, 요즘은 내 편의 개념이 훨씬 다양해졌다. 한 번도 만난 적 없는 SNS 친구들과 유대감을 형성하기도 하고, 개인의 관심사에 따라 팬과 지지자의 형태로 응원을 받기도 한다. 사회활동이 활발할수록 나이, 지역, 계층의 벽을 넘어 더 많은 공감대를 형성할 수 있다. 내 편을 확보할 수 있는 폭이 넓어진 만큼, 우리가 얻는 힘도 더욱 강해졌다.

편(便)이라는 것은 여러 패로 나누었을 때 그 하나하나의 쪽을 가리키는 말이다. 즉, '내 편'이란 나를 믿고 신뢰하는 사람들이다. 하지만 한 번 내 편이 되었다고 해서 영원히 내 편은 아니다. 오히려 오해나 갈등이 생기면 너무 쉽게 등을 돌리고 관계를 끊어버리기도 한다. 난감하고 불쾌하지만 이유가 뭔지 따져 물을 수도 없다. 가르쳐 주지도 않을뿐더러 이상한 사람으로 몰릴 수도 있다. 내 편을 잃었을 때, 누구의 잘잘못을 떠나 그 상실감은 이루 말할 수 없다. 특히 가까운 사이일수록 상실감의 여파 또한 크고 오래간다.

여기서 중요한 지점은 내 편을 잃지 않아야 한다는 것이다. 이 점은 누구나 안다. 하지만 그것이 내 의지대로 되지 않는다는 것이 문제다. 일방적으로 잘해 줬는데도 떠나버리거나, 상대방이 옳다고 맞춰 주다 보니 우습게 취급당하기도 한다. 늘 상대를 배려했더니 결국 이용만 당했고, 진심으로 응원해 줬더니 자신이 갑인 줄 아는 경우도 있었다. 이런 일을 당하지 않기 위해 '나' 중심으로 살았더니 '이기적이네, 자기밖에 모르네, 경우가 없네, 위아래가 실종됐네' 등 남들의 입방아에 오르내린다. 어쩌다가 이렇게 되었는지 돌아보지만 답을 찾기도 어렵다. 쉽지 않은 세상살이라고 탓해 보았자 자기 입만 아프다.

내 편을 만들고 관계를 유지하기 위해 가장 중요한 것은 '신뢰'다. 신뢰가 없는 관계는 모래성처럼 쉽게 무너진다. 겉으로는 친밀해 보여도, 작은 바람에도 흔들릴 수 있는 위태로운 상태에 놓이게 된다. 신뢰가 결여된 관계는 깊어질 수도, 오래 지속될 수도 없다.

만약 그가 영향력 있는 사람이라면, 자연스럽게 그 사람의 마음을 사로잡으려 애쓰게 된다. 그의 신경을 거슬리지 않도록 조심하며, 함께하는 자리에서는 늘 불안감이 따른다. 그 사람의 인정을 받고 싶어 하는 마음이 커지면, 그 어떤 일이든 기꺼이 해내려고 할 것이다. 예를 들어, 성공한 선배가 어렵고 번거로운 부탁을 한다면, 우리는 그 선배에게 인정받고 싶어서 하기 싫거나 벅찬 일이라도 어떻게든 수행하려고 할 것이다. 왜냐하면 그 일을 완수함으로써 얻을 수 있는 보상과 유익을 기대하기 때문이다.

이는 친구 사이에서도 마찬가지다. 우리는 부탁을 거절하거나 자신의 부족한 점을 드러냈을 때, 상대가 실망하고 거리감을 둘 것이라고 먼저 단정 짓는다. 그래서 선뜻 내키지 않아도 의도적으로 상대방이 좋아할 것으로 판단되는 행동을 하게 된다. 불편함을 감수하며 자기 본심을 숨기지만, 이런 이중적인 마음은 결국 드러나게 된다. 미묘한 표정이나 말, 행동 속에서 진심이 불현듯 표출되기 때문이다. 상대가 이를 인식하고 실망이나 배신감을 느낀다면, 그 관계는 돌이킬 수 없는 문제로 번질 수 있다.

이는 관계 속에서 자신의 처지와 입장을 우선적으로 고려하기 때문에 발생하는 현상이다. 우리는 자신의 행동이 가져올 이득과 손실을 계산하게 된다. 그러나 부탁하는 사람과 부탁을 받는 사람이 같은 입장일 수는 없다. 만약 한쪽이 일방적으로 부탁을 받아들이는 상황이 반복된다면, 진정한 우호 관계에서 필요한 유대감을 형성하기 어렵다.

신뢰를 쌓는 노하우 세 가지

신뢰 관계를 형성하기 위한 첫 번째 관문은 '진솔한 마음'을 유지하는 것이다. 자신을 드러내는 용기와 자신감은 상대에게 신뢰를 준다. 때때로 상대의 부탁을 거절하게 되는 경우 상대방은 당황하거나 무시당했다는 느낌을 받을 수도 있다. 하지만 자신이 그 일을 감당하지 못해 실망을 안겨주는 것보다는 차라리 낫다. 혼자 그 일로 인해 스트레스를 받거나 상대를 미워하는 것보다는 훨씬 더 나은 선택이다.

진정성 있는 태도란, 상대의 입장을 배려하면서도 정중하게 거절할 줄 알고, 그 과정에서 상대를 존중하는 마음을 잃지 않는 데서 비롯된다. 그 일을 하지 못하는 이유를 충분히 설명하고, 상대의 이해를 구하는 것이 중요하다. 그렇게 진심을 전달하면, 상대는 오해하지 않는다. 오히려 대안을 제시하거나, 직간접적인 도움을 주기도 한다. 그만큼 신뢰 관계가 더욱 강화되는 것이다.

신뢰는 단 한 번에 쌓이기도 하지만 작고 사소한 관계들이 거듭되면서 쌓일 때 탄탄한 결속력을 갖는다. 그렇게 되면 어느 순간, 어떤 상황에서도 상대는 내 편이 될 수 있다. 다른 사람들이 "그 사람이 어떻게 그럴 수 있어?"라는 질타를 보낼 때도 "그럴 만한 이유가 있겠지."라고 말해 주는 우군이 되는 것이다.

신뢰를 쌓을 수 있는 두 번째 방법은 상대의 말을 '경청'하는 것이다. 우리는 어느 사이 자신을 앞세우는 데 익숙해졌다. 대화를 나눌 때 자기 입장을 대변하고 자기 생각을 피력하는 데 주안점을 둔다. 이야기를 나누고 있지만 마치 논쟁하듯 자기 뜻을 굽히지 않는다. 모두가 자기 생각에 동의해 주기를 바란다. 이렇게 해

AI 시대, 불안한 오늘을 살아가는 너에게

서는 상대의 신뢰를 절대 얻을 수 없다. 상대에게 이해받기에 앞서서 상대를 이해하려는 자세가 중요하다.

신뢰 관계는 상호의 이해를 기반으로 하는 의사소통에서 형성된다. 이는 상대의 말을 경청할 때 가능해진다. 상대의 말을 잘 들으면 그가 하는 말뿐만 아니라 입 밖으로 꺼내지 않는 그의 진심이나 감정까지 알 수 있다. 자기의 마음을 알아주는 사람을 거부할 사람은 아무도 없다. 어쩌면 자신을 알아달라고 그가 호소하고 있는지도 모른다. 그럴 때 그의 말을 잘 듣고 마음을 읽어준다면 상대는 신뢰의 눈빛을 영롱하게 빛낼 것이다.

상대의 마음을 읽어준다고 형식적인 위로나 격려, 칭찬을 쏟아내서는 안 된다. 진정한 공감이 중요하다. "괜찮아."라는 말보다 "많이 아프겠구나."라고 진심으로 느끼는 것이 중요하다. 상대의 감정을 있는 그대로 받아들이고, 그 마음을 존중하는 태도가 진정한 공감을 이끌어낸다.

신뢰를 쌓을 수 있는 세 번째 방법은 '상대를 통해 자신을 바라보는 것'이다. 자신이 누군가에게 실망해서 상대를 피했거나, 거리를 두었을 때를 생각해 보자. 다른 사람을 통해 자신을 돌아보는 과정이다.

� 상대에게 가장 실망했던 상황

· 약속을 일방적으로 깼을 때

· 나를 흠집 내는 뒷말을 하고 있다는 사실을 알게 되었을 때

· 비밀을 지키지 않았을 때

· 자기 편의로만 행동할 때

· 자기 주관이 없을 때

이렇게 하나하나 적다 보면 자신이 하지 말아야 할 일들이 명확히 드러난다. 만약 상대방에게 실망했던 일이라면 그 행동을 자신도 해서는 안 된다. 알면서도 그런 행동을 한다면 비록 사소한 실수일지라도 쌓아온 신뢰는 한순간에 무너질 수 있다.

성공하려면 내 편을 얻고, 그 편을 유지하는 것이 핵심이다. 또한 남에게 긍정적인 영향을 미칠 수 있는 능력을 키워야 한다.

AI 시대, 불안한 오늘을 살아가는 너에게

정신과 의사이자 《뉴욕타임스》의 기고가 폴 스타인버그Paul Steinberg는 인간이 사회적 동물이라는 점을 감안할 때 '대인 지능'은 인간이 타고난 기술 가운데 가장 중요하다고 했다.

자기 편이라고 생각되는 사람의 이름을 부르면서 손꼽아 보자. 생각보다 선뜻 꼽히는 사람이 몇 명 안 될지 모른다. 그만큼 우리 인생의 자산이 든든하지 못하다는 뜻이다. 삶을 뒤돌아볼 때 아쉬움으로 남는 부분이기도 하다.

하버드대학교의 필립 스톤Philip Stone 교수는 연구를 통해, 심한 스트레스를 받는 시기에도 사회적 지지가 충분하면 삶의 만족도를 높일 수 있다는 결과를 발표했다. 이는 사회적 관계에 시간과 에너지를 투자하는 것이 행복을 달성하는 데 효과적인 전략임을 의미한다.

'타인에게 친절하기'와 '인간관계 강화'를 습관으로 길들인다면, 행복은 자연스레 찾아올 것이다. 그러나 이 모든 것이 신뢰를 바탕으로 이루어져야 한다는 점을 잊지 말아야 한다. 신뢰는 관계의 기초가 되며, 이를 통해 진정한 행복을 느낄 수 있다.

나를 바꾸는 한 걸음

1 내가 듣고 싶은 말들을 나열해 보자.

2 내 편을 꼽아 보고 그들에게 해주고 싶은 말을 써 보자.

3 함께 등산 가고 싶은 사람은 몇 명인가?

4 기꺼이 자신의 차를 빌려줄 수 있는 사람은 누구인가?

5 우주선을 타게 됐다. 가족을 부탁하고 싶은 사람은 누구인가?

6 유혹에 흔들리는 나를 붙잡아 줄 사람은 누구인가?

AI 시대, 불안한 오늘을 살아가는 너에게

남과 비교하기보다 자기 길을 찾아라

"뛰어라, 뛰어야 한다, 최대한 빨리 뛰어라, 한눈팔지 말고 앞만 보고 뛰어라. 그것이 최선이다." 이 말은 어느 순간부터 귀에 못이 박히게 들리며, 이제는 그 자체가 우리의 생활 규범처럼 되어버렸다. 그리고 여기에 한 가지를 더 추가하자면, '남보다 더 빠르게 뛰어야 한다'는 압박감이다.

그래서인지 우리는 모두 뛴다. 아니 습관처럼 뛰고 있고, 뛰어야 한다는 강박에 사로잡혀 있다. 잠에서 깨면 100미터 달리기 선수가 출발 선상에 선 것처럼 각오를 다지고 허리를 굽히며 오른발을 앞에 놓고 결승점을 바라본다. 두 주먹까지 불끈 쥐고 있다.

발 빠른 사람이 1등을 차지할 확률이 높지만, 출발선에서 기다리는 마음은 모두 같다. 모두가 1등을 꿈꾸지만, 만약 그게 어렵다면 3등이라도, 순위 안에 들기를 바라며 그 영광을 누리고 싶은 마음은 누구에게나 같다. 그로 인해 우리는 매일, 쉬는 시간에도 심리적인 부담을 안고 산다. 다른 방법이 없다. 달리지 않으면 도태된다는 불안감 때문에 느긋하게 걷지도 못한다. 설상가상으로 타고난 재능, 경제 환경, 개인의 역량에 따라 발휘할 수 있는 능력이 다르고 결과로 이어진다는 것도 안다. 그래도 혹시나 하는 기대심리로 오늘도 열심히 달린다.

우리가 달리는 이유에는 사회적 기준에 맞추려는 의지가 많이 작용한다. 사회적으로 성공하기 위해, 누구한테든지 인정받기 위해, 남들보다 한 푼이라도 더 갖기 위해, 더 높은 지위에 오르기

AI 시대, 불안한 오늘을 살아가는 너에게

위해, 더 힘 있는 권력을 쥐기 위해 우리는 남들보다 더 빨리 달려야 한다고 믿는다.

여기서 잠깐, 지금도 달리느라 여력이 없는 여러분에게 묻고 싶다.

"달리는 것만이 최선인가, 진정 자신이 원하는 인생인가, 종착지가 남들과 같기를 바라는가, 이렇게 긴장한 상태로 달리는데 제대로 자신의 실력을 발휘할 수 있겠는가?"

이 중 한 가지라도 마음에 걸리는 부분이 있다면 무작정 달리지 말자. 제대로 달리자. 출발점을 달리해 보자.

자기 계발 분야의 연구가 마커스 버킹엄Marcus Buckingham은 이렇게 말했다.

"우리는 어린 시절이 끝나갈수록 나보다 나를 둘러싼 '세상'에 더 귀 기울이기 시작한다. 그러는 사이 세상의 목소리가 더 설득력 있다고 생각하게 됐고, 결국 우리는 세상의 요구에 순응하고 만다."

저절로 무릎을 치게 되는 말이다. 사람들이 교육의 현실에 대해 문제점을 많이 지적하지만, 개인적인 관점에서 보면 부모나 양육자, 혹은 보호자의 이상이 더 큰 문제일 수 있다. 아이가 아무것도 모르는 초등학교 입학 시기부터 부모는 SKY 대학교나 의사,

변호사 등 자신들이 대단하다고 생각하는 기준에 맞추려고 아이들을 조이고 기름칠하고 닦달한다. 정작 자기 삶을 주체적으로 꾸려야 하는 당사자인 아이가 무엇을 원하는지, 무엇을 잘할 수 있는지에는 관심을 두지 않는다. 부모가 정해둔 기준에 맞추려고 아이를 다듬는다. 그렇게 자녀들은 다른 사람(대부분 부모, 가족, 선생님)이 세워 놓은 기대치에 자신을 억지로 맞추며 산다. 그로 인해 그들은 안정적이지만 지루하고 특색 없는 인생을 선물로 받는다.

이러한 악순환은 여전히 개선되지 못하고 있다. 지금도 많은 청소년이 성공이나 명예와 같은 사회적 기준에 갇혀 고군분투하고 있다. 그들이 다른 길을 알지 못하는 이유는, 자신만의 길을 갈 때 감수해야 하는 어려움을 감당할 자신이 없기 때문이다. 또한 AI와 자동화 기술이 급격하게 발전하는 시대에선 더욱 안전한 길을 따르는 것이 유리해 보인다. 기존의 직업들이 사라지고, 새로운 일자리가 등장하는 상황에서 남들이 정해 놓은 경로를 따르는 것이 실수할 확률을 줄여주는 선택처럼 느껴진다. 차라리 어른들이 시키는 대로 하면 잘못될 일은 없다는 믿음에서 비롯된 선택이다.

하지만 이제 부모의 그늘에서 벗어나, 그들의 뜻대로 순응하며 자라온 우리는 더 이상 그 틀에 갇혀 살 수 없다. 과거의 패턴

AI 시대, 불안한 오늘을 살아가는 너에게

에 따라 '그렇게 자랐으니 그렇게 살아갈 수밖에 없다'는 자포자기식 생각으로 살아갈 이유는 없다. 어릴 때야 우리의 선택권이 없었기 때문에 시키는 대로 했지만, 이제는 자아가 확립된 시점에서 자기 시야를 확보해야 한다.

AI와 기술 혁신이 가져오는 변화 속에서 자신만의 독창적인 길을 찾고, 그 길에서 열정을 불태우는 것이 중요하다. 자신이 진심으로 좋아하는 일을 통해 사회에서 인정받고, 성과를 나누며, 다양한 사람들에게 긍정적인 영향을 끼칠 수 있는 인물이 되기를 꿈꿔야 한다. 기술이 발전함에 따라 더 많은 기회와 가능성이 열린 오늘날, 우리가 선택할 수 있는 길은 그 어느 때보다 다양하고, 자신의 고유한 강점과 열정을 살릴 기회가 주어졌다.

AI 시대의 변화는 단지 위기만이 아니라, 진정한 자아를 찾아가는 기회이기도 하다.

나에게 오롯이 집중하는 시간

자기 주체적인 삶을 살고자 한다면 오롯이 자신에게 집중해 보자. 철저하게 자신을 분석하려면 입체적으로 자신을 바라봐야 한다. 단순히 겉으로 보이는 모습만 보아서는 안 된다. 자신의 탁월한 부분만을 앞세우면 이면의 위험을 알지 못한다. 예를 들어, 외형적으로는 모범생처럼 보일 수 있지만, 성격이 독단적일 수 있다. 타인의 추종을 불허하는 교과 성적을 내더라도 적성이 안 맞을 수 있다. AI와 기술이 급격하게 변화하는 시대에서는 더욱 자신을 '객관적'으로 평가하는 것이 중요하다. 지나치게 사회적 기준에 맞춰 자신을 압박하고, 그 기준에 맞춰서 살아간다면, 결국 자신의 진정한 가능성을 억제하고 불행을 초래할 수 있다. 외부의 기대에 맞춰 자신을 누른다면, 일시적인 성공이나 성과를 얻을 수 있을지 몰라도, 장기적으로는 자신에게 심각한 손실을 가져올 수 있다.

영국의 철학자 버트런드 러셀Bertrand Russell은 실험을 통해 인간이 의자 하나를 20개가 넘는 시선으로 볼 수 있다고 주장했다. 그럼에도 불구하고 그것이 완벽하게 의자를 본 방법이라고 할 수는 없다고 했다. 이처럼 우리가 세상을 바라보는 방식은 단순히 하나의 시각이나 관점에 갇혀서는 안 된다. 자신을 바라볼 때도 마찬가지다. 자신을 분석하고 평가하는 데 있어 한 가지 관점만을 고수하면, 우리는 자신을 왜곡하거나 놓칠 수 있는 부분이 있다.

자신을 관찰하는 방법 중 하나는 그래프 형식을 활용하는 것이다. 이는 자신을 평가할 때, 상대평가 대신 '절대평가' 방식을

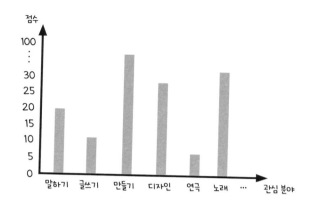

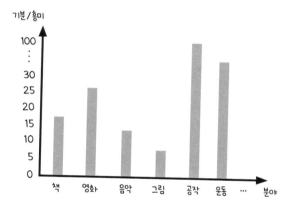

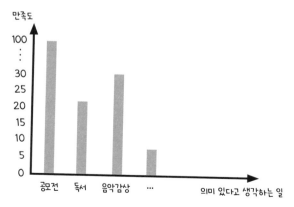

사용하는 방법이다. 즉, 남들과 비교하지 말고 자신의 재능과 특성을 냉정하게 평가하는 것이 요점이다.

자기 자신을 돌아보았다면 과감해져라. 우물쭈물, 쭈뼛쭈뼛은 자신에 대한 확신이 없다는 방증이다. 페이스북의 마크 저크버그나 마이크로소프트의 빌 게이츠는 그들의 권위와 안정적인 미래를 보장할 수 있었던 '하버드'라는 명예를 포기했다. 그들은 자신에게 주어진 길에 의문을 품으며, 어떻게 해야 자기 인생을 성공으로 이끌 수 있을지 계속해서 고민하고 도전했다.

그들은 포기한 게 아니라 선택한 것이다. 그로 인해 그들은 궁극적으로 자기 인생의 전환점을 맞았다. 스스로 자신을 먼저 변화시켰기에 세상을 바꿀 수 있었던 것이다.

우리도 가능하다. 평탄하지만 자신을 발전시킬 수 있는 요소가 없다면 잠깐 쉬어서 자기 선택의 방향을 틀어야 한다. 다만 자신의 선택에 대한 고민과 숙려기간이 필요하다. 조언을 신중하게 받아들이고 경험을 쌓고 지침을 얻어야 한다. 자기 인생을 걸고 도전하는 만큼 조급하게 결정해서는 안 된다.

새로운 도전에는 언제나 불안과 두려움이 따른다. 잘 해내야 한다는 책임감과 잘 해내고 싶은 욕심이 앞서기 때문이다. 용기를 다잡으려면 변화에 대해 최악의 결과와 최상의 결과를 저울질

AI 시대, 불안한 오늘을 살아가는 너에게

하고 그것이 목표에 미칠 영향까지 충분히 계산해야 한다.

각오가 섰다면 직접 도전하자. 그 일에 대한 경험이 축적되고, 그 과정에서 얻은 노하우는 굉장한 자산이 되어 다시 도전할 용기를 준다. 의지를 다잡는 기회가 될 것이다. 하지만 시도 자체를 후회하거나 소심하게 덤비면 실패는 예고된 결과일 뿐이다. '하늘은 스스로 돕는 자를 돕는다'고 하지 않던가. 자신의 투지와 열정이 목표를 이루게 할지 말지를 결정한다.

한 번도 경험하지 못한 일에서 성공하겠다는 것은 마치 날아가는 독수리를 맨손으로 잡겠다는 것만큼이나 허황된 목표일 수 있다. 우선 자신의 열정이 이끄는 일을 찾아 직접 체험해 보고, 그 일이 자신에게 맞는지 가늠하고 타진해야 한다. 그것이 불가능하다면 관계자를 만나 보거나, 충분한 자료를 조사해서 자기에게 적합한 일인지 확실히 파악하는 과정이 필요하다.

"우리는 모두 마음속에 비밀스러운 동경을 품고 살아간다. 우리 스스로 마음속 가장 깊은 곳까지 드러낼 수 있어야 진정한 삶의 만족과 가치를 느낄 수 있을 것이다."

『라이프 플래닝』의 저자 조지 킨더George Kinder는 말한다. 목표를 동경만 하다 끝낼 것인가, 동경하는 것이 있다는 것만으로 만족할 것인가. 이제 여러분이 선택해야 한다.

시간은 미래로 흘러간다. 과학은 발전하고 사회는 변한다. 속도를 가늠할 수 없는 빠르기다. 그런데도 우리는 기존의 삶의 방식을 고수하며 살고 있다. 그것뿐인가. 누군가가 제시하는 기준에 맞추기 위해 자신을 만든다. 그렇게 사는 것이 자신이 원하고 바라는 목표와 부합한다면 상관없지만, '내가 왜 이렇게 살아야지?'라는 의구심이 든다면 과감하게 출발선에서 벗어나 고정된 자세를 풀어 보자. 앞만 보고 달리지 말고 시선을 더 넓혀 보자.

자신을 구체적으로 분석하고 과감한 선택을 하겠다고 두 주먹 불끈 쥐었다면 이제 다리를 풀어라. 제자리 뛰기를 해도 좋고 토끼뜀을 뛰거나 오리걸음으로 한두 발 걸어 보는 것도 좋겠다. 자기 페이스를 유지하기 위해 어떤 방법을 선택하든 즐거울 수 있으면 좋다.

대신 멀리 가야 한다는 사실을 기억해라. 인생은 단거리 경주가 아니다. 간간이 뿌듯함으로 목축임을 하고 응원받으며 나아가야 더욱 힘이 난다. 오래 잘 달릴 수 있는 비결이다.

경쟁자가 많고, 많은 사람이 같은 출발선에 설 필요는 없다. 자신만의 출발선을 설정하라. '늦었다'고 생각하는 그 순간이 바로 가장 빠를 수 있다. 남들과 비교하지 않고, 자신의 페이스를 고수

AI 시대, 불안한 오늘을 살아가는 너에게

하며 나아간다면, 예상치 못한 에너지가 나오고 그에 따라 필요한 도움과 조력자들이 생긴다.

　자, 두려움은 접어 두고 넓어진 시야로 자신의 미래에 대한 기대를 재구성해 보자.

 나를 바꾸는 한 걸음

1　나를 답답하게 하는 것들은 무엇인가?

2　인생을 리셋하고 싶다면 어느 시점부터인가? 그 이유는 무엇인가?

3　일상을 살아가면서 가장 많이 의문을 품는 것은 무엇인가?

4　남들과 비교할 때 불안함을 느끼는 부분은 무엇이며, 그 이유는 무엇인가?

5　한 통의 우편물이 배달되었다. 그 안에는 어떤 소식이 담겨 있을까?

6　20년 후, 전문가로 성공한 모습으로 인터뷰를 할 것이다. 자신이 낸 성과를 말해 보자.

일론 머스크, 멈추지 않는 도전

일론 머스크Elon Reeve Musk는 22세기를 바꿀 인물로 꼽힌다. 그의 도전은 끝이 없기 때문이다. 현재 그는 우주여행 프로젝트 스페이스엑스SpaceX와 우주 도시를 건설하겠다는 꿈을 향해 달리고 있다. 그의 이런 독특한 캐릭터는 영화 〈아이언맨〉의 감독인 존 패브로가 주인공 토니 스타크Tony Stark의 모델로 삼기도 했다.

실제로 일론 머스크와 토니 스타크는 서로 닮은 점이 아주 많다. 그 당시 40대 초중반의 나이, 억만장자, 물리학 학위 취득, 공학자 등 외형부터 삶까지 유사하다. 물론 일론 머스크는 가슴에 아크 원자로를 달지는 않았지만, 그의 가슴에는 아크 원자로의 에너지와 비등한 열정과 이상이 가득하다.

일론 머스크는 1971년 남아프리카공화국에서 태어났다. 컴퓨터 프로그래밍을 독학했으며, 열두 살에는 비디오 게임 코드를 직접 짜서 500달러에 팔기도 했다. 열일곱 살에 캐나다로 이사해 킹스턴의 퀸즈 대학교에 입학했다. 이후 미국 펜실베이니아 대학교로 편입해 물리학과 경제학 학사 학위를 취득했다. 1995년에는 물리학 박사 학위를 취득하기 위해 스탠퍼드 대학교에 들어갔지만, 이틀 만에 자퇴한다. 이유는 인터넷과 재생에너지 그리고 우주에 관한 열망 때문이었다.

스물네 살에 인터넷을 기반으로 지역 정보를 제공하는 집투ZIP2를 설립했다. 4년 뒤, 2,200만 달러에 회사를 매각한다. 그리고 온라인 금융 서비스 엑스닷컴X.COM을 설립, 이메일 결제 서비스 페이팔과 합병한다. 3년 뒤, 이베이eBay에 회사를 15억 달러에 매각했다.

이제 그의 도전은 우주 발사형 비행체, 쉽게 말해 우주 로켓이다. 단순히 로켓만 만드는 것이 아니라, 이를 이용한 저가형 우주여행과 화성 식민지 사업을 꿈꾸고 있다. 그는 목표를 위해 2002년 6월 설립한 세 번째 회사 스페이스엑스를 세웠다. 여기서 일론 머스크는 최고경영자를 맡았고 동시에 발사체의 디자인까지 직접 담당했다.

그의 도전은 순탄하지만은 않다. 최초로 발사한 액체 연료 사용 로켓, 팰컨1Falcon 1은 2006년 발사하자마자 연료가 누출돼 화재가 발생했다. 1년 뒤 발사에는 성공했지만, 회전축 제어장치 이상으로 고도 321km에서 임무를 마칠 수밖에 없었다. 몇 개월 뒤 세 번째 발사 역시 순조롭지 않았다.

그럼에도 그의 도전은 계속됐다. 2008년 9월 28일, 세 번의 발사 실패 끝에 팰컨1이 하늘로 날아올랐다. 총 다섯 번의 시도 중 두 번의 성공을 이룬 것이다. 미국항공우주국NASA은 국제우주정거장ISS에 화물을 수송하는 사업자로 스페이스엑스를 선택했다. 현재까지 민간업체로는 유일하게 '우주 화물선'을 운행하고 있다.

또한 그는 전기자동차 '테슬라'와 태양광 발전 회사 솔라시티Solar City를 이끌고 있다. 이는 재생에너지 사업이기도 하지만 그가 꿈꾸는 미래 '화성 식민지'를 위해 기획된 큰 그림이라고 할 수 있다. 2030년 8만 명을 화성에 거주토록 하겠다는 계획을 실현하기 위한 선조치인 셈이다. 태양광은 화성에서도 얻을 수 있으니 전기차를 그곳에서 운송 수단으로 쓸 수 있다는 계산이다. 이에 따라 솔라시티는 화성에 태양광 발전소까지 설립할 계획을 추진하고 있다.

일론 머스크는 상상 속에서만 가능한 일에 도전하고 있다. 그의 도전이 현실에서 이루어질지는 아무도 모른다. 그의 도전이 어느 정도 가치 있는 일인지도 현재로서는 가늠할 수 없다. 그러나 분명한 것은 현대 과학기술을 기반으로 가장 확장된 꿈을 꾸고 있다는 사실이다. 개인의 부와 명예를 위한 고군분투가 아니라 인류의 미래, 우주 시대의 실현을 그려내고 있다. 그래서 그의 도전은 더욱 빛난다.

세상은 도전하는 자들의 것이다. 어떤 방식으로든, 어느 것에든 도전하는 사람들이 세상을 바꾸었다. 그들은 자신을 비롯해 주변과 사회를 변화시키고, 인류와 지구의 미래에까지 영향을 미친다. 에디슨이나 벨, 라이트 형제의 도전 덕분에 오늘날 우리의 편리함이 보장되었다. 과학 분야뿐만 아니라 예술이 진보할 수 있었던 배경에는 늘 어떤 혁신가들의 도전이 있었다. 정치, 문화, 사회 등 모든 분야의 발전 역시 누군가의 진일보된 생각이 바탕이 된다. 당시에는 획기적인 발상이었지만, 때로는 엉뚱하고 비현실적이라는 평가를 받으며 성공 여부와 상관없이 무모한 사람으로 치부되기도 했다. 그러나 그들이 없었다면, 오늘날 우리가 누리는 발전된 세상도 존재하지 않았을 것이다.

조앤 롤링,
할 수 있으니 도전

삶에는 리듬이 있다. 날마다 승승장구하고 탄탄대로를 걷고 싶지만 뜻대로 되지 않는다. 아무리 잘나가는 사람이라 할지라도 실패와 좌절, 성공과 승리의 경계를 그네 타듯 넘나든다. 그리고 그 결과는 모두 다르게 나타난다. 누구는 인정받고 어떤 이는 나락으로 떨어진다. 마치 신의 섭리가 작동하는 것처럼 느껴진다. 타고난 운명을 탓하며 운명론자로 전락하는 순간이다.

진짜 운명이 있다면 우리는 애쓰며 살지 않아도 된다. 미래나 현실에 대한 걱정도 불안도 두려움도 가질 필요가 없다. 운명대로 될 테니까. 그러나 단언컨대, 타고난 운명 앞에서 손 놓고 넋 놓고 있어서는 안 될 일이다. 운명을 믿기보다 자신을 믿어야 한다. 조앤 롤링Joan K. Rowling처럼.

　롤링은 1965년 7월 31일 잉글랜드 예이트Yate에서 태어났다. 그녀의 부모는 1964년 아브로스Arbroath로 출발하는 런던 킹스크로스역에서 처음 만났다고 하는데, 이 킹스크로스역은 해리포터에 나오는 역으로 지금은 세계적인 관광 명소가 되었다.

　1990년 여름, 맨체스터에서 런던으로 향하는 열차를 타고 있던 롤링은 4시간 동안 멈춰선 열차 안에서 마법학교에 다니는 소년 '해리 포터'와 '론', '헤르미온느' 등 주인공 세 명을 떠올렸다고 한다. 그녀는 그날 밤부터 소설을 쓰기 시작했다.

　1991년, 포르투갈 포르투에서 영어 교사로 취직한 롤링은 밤마다 차이콥스키의 바이올린 협주곡을 들으며 글쓰기를 이어나갔다. 이때의 경험이 〈해리포터〉 시리즈에 등장하는 디멘터(아즈카반의 간수)의 근원이 되었다.

　1992년 10월 16일에 텔레비전 저널리스트 조지 아란테스Jorge Arantes와 결혼했지만 이혼한다. 생후 4개월 된 딸을 데리고 무일푼의 몸으로 영국 에든버러에 정착했다. 그녀는 고등학교 교사가 되는 길도 있었지만, 자기 인생에 두 번 다시 없는 기회가 될 수 있다는 생각에 소설 쓰기에 집중한다. 소설가로 명성을 얻기 전, 에든버러에서의 삶은 이혼 후 생활고와 가난, 그리고 우울증으로 얼룩졌던 시기였다. 그는 에든버러대학교에서의 연설에서 '그때는 자살도 생각했었다'고 고백하며, 그 시절의 극복을 돌아보았다. 가난한 미혼모로 3년여 동안 주당 한화 15,000원 정도의 생활 보조금으로 연명한 그녀는, 자신의 첫 소설 『해리포터』 시리즈 제1편 『해리포터와 마법사의 돌』을 완성했다. 책을 쓰기 시작한 초기에 그녀는 온종일 카페에 앉아 집필에만 몰두했다고 한다.

그렇게 쓴 소설은 롤링의 인생을 바꾸었다. 롤링은 약 1억 2,500만 파운드(한화 약 2,200억 원)로, '역사상 가장 많은 수익을 기록한 작가'로 평가받았다. 2003년 5월 영국의 부자 리스트 발표에 따르면 책, 영화, 기타 관련 상품으로 그녀의 손에 들어온 금액이 한화로 약 5,570억 원이라고 추정했다. 이 금액은 엘리자베스 여왕보다도 많은 금액으로, 영국 내에서 122번째 부유한 인물로 기록되었다.

롤링은 2004년 미국의 경제 전문지 《포브스Forbes》가 선정한 '세계 최고 부자' 목록에 처음으로 등장했다. 2010년 1월 그녀의 재산은 5억 600만 파운드(한화 약 1조 169억 원)으로 알려졌다. 2013년 2월, BBC 라디오 4의 〈여자의 시간〉에서는 그녀를 영국에서 가장 영향력 있는 여성 13위에 선정했다.

이혼과 가난으로 치열할 수밖에 없었던 삶은 롤링을 강하게 만들었다. 그녀에게 역경이 없었다면 우리는 『해리포터』라는 기적을 만날 수 없었을지도 모른다. 절실함이 그녀를 끈질기게 만들었고 간절함이 상상력을 일깨웠다. 그의 역경이 얼마나 값진 결과를 낳았는가. 마법사와 마법학교라는 판타지 속 고난과 시련은 그녀의 체험을 각색한 것이다. 그녀의 경험과 삶의 의지가 소설 곳곳에 깃들어 있다.

우리는 어떤 일을 시작할 때 최고의 성과를 기대한다. 쉽고 빠르게 자신이 계획한 만큼 이루고 싶은 욕망에 사로잡힌다. 열정을 가지고 매진하는 이유다. 자신이 하려는 일에서 매일 상승곡선만 그릴 수 있다면 얼마나 좋을까. 가파른 상승세를 타고 승승장구하고 싶은 마음은 누구나 같다. 하지만 꿈이 클수록 의지가 강할수록 높은 벽을 만난다. 실패와 좌절을 겪는다. 높이 올라간 것보다 더 깊이 떨어질 수 있다. 이때 '포기'라는 단어를 자연스럽게 떠올린다. 자기 길이 아니라고 단정 짓는다. 어려운 과제일수록 쉽게 이루어지지 않는다.

자신이 진정으로 가고 싶은 길이라면, 자신이 선택한 일에 후회가 없다면 포기하지 말자. 선택도 포기도 자신이 내린 결정이다. 포기를 선택하면서 '운명'을 탓하면 안 된다.

*

시간 콘트롤 마스터 되기

● 　　　시곗바늘은 언제나 일정한 속도로 움직인다. 그런데도 사람들이 느끼는 시간의 속도는 다르다. 어느 때는 마음이 급한데 시간까지 빨리 가니 원망스럽다. 아직 공부를 시작도 하지 않았는데 벌써 시험은 닥치고 과제 제출 마감일이 코앞이다. 반면, 지루하고 따분한 순간에는 시간이 마치 멈춘 듯 더디게 흐른다.

● 　　　스위스의 작가이자 건축가인 막스 프리쉬Max Frisch는 "시간은 우리를 변화시키지 않는다. 시간은 단지 우리를 펼쳐 보일 뿐이다."라고 말했다. 마치 시간이 우리를 재촉하고 몰아세우는 듯하지만, 정작 시간을 운용하는 것은 우리 자신이다.

● 　　　시간을 운용하는 주체는 '나(자신)'이다. 이 시간을 어떻게 활용하느냐에 자신의 인생이 좌우된다. 이제 "현재에서 미래가 태어난다."라는 볼테르의 말을 새기면서 이 장을 펼쳐 보자. 지금 똑딱이는 초침 소리를 듣고 있는 이 순간이 바로 여러분에게 주어진 시간이며, 소중히 활용해야 할 시간이다. 누구에게나 똑같이 주어지지만, 이를 제대로 활용할 때 비로소 시간이 의미와 가치를 지닌다.

자기만의 리듬을 즐겨라

게으름의 잣대를 기상 시간에 두는 경우가 많다. 일찍 일어나면 부지런한 사람, 늦게 일어나면 게으른 사람으로 치부한다. 부지런한 사람은 적극적이고 열정적이며 추진력까지 갖춘 인물로 그려지는 반면, 늦게 일어나는 사람은 나태하고 소극적이며 자기 주관이나 소신이 부족한 사람으로 낙인찍힌다. 하지만 정말 그럴까? 늦게 일어나는 사람으로서, 이런 평가가 억울할 때가 많다.

2003년 일본의 의사 사이쇼 히로시가 쓴《인생을 두 배로 사는 아침형 인간》이라는 책이 출간되면서 부지런함의 표본으로 '아침형 인간'이 화제가 됐다. 그는 인류가 본래 일출과 동시에 일어나고 일몰과 동시에 잠자리에 드는 생활을 해왔기에, 자연의 리듬에 따라 생활하는 것이 기본이라고 주장했다. 또한 아침의 1시간은 낮의 3시간과 맞먹는다고 말한다. 그래서일까? 수능 만점자나 탁월한 성적을 낸 학생들에게 빠지지 않는 질문이 있다.

"몇 시간 동안 자고 공부하나요?", "주로 어느 시간대에 공부하나요?" 공부의 효율이 높다는 점에서 아침형 인간은 많은 사람에게 주목받았다. 일찍 일어난 만큼 시간을 더 활용할 수 있어 새로운 것을 배우거나 아이디어를 내고, 평소에 하기 어려웠던 일을 하며, 정보수집 및 운동으로 더 규모 있게 시간을 보낼 수 있다는 것이다. 이 얼마나 기특한 시간의 이용인가. 특히 아침에는 집중력과 창의력이 높아 적은 시간으로도 큰 효과를 얻을 수 있다고 한다. 그러므로 어떤 목표를 성취하려는 사람은 주로 새벽 시간을 최대한 활용하면 효율이 높다는 것이다.

대표적인 아침형 인간으로 현대그룹의 고故 정주영 회장과 마이크로소프트사의 빌 게이츠 회장이 있다. 이들은 새벽 3시에 기상하는 것으로 알려져 있다. 또한 제너럴일렉트릭GE의 회장이었던 잭 웰치도 오전 7시 30분부터 업무를 시작한다.

이처럼 성공한 인물들의 이른 기상 습관이 조명되면서, 많은 사람의 알람 시간도 점점 앞당겨졌다. '아침에 일어나는 새가 벌

레를 잡는다'는 격언, '게으른 사람은 성공할 수 없다'는 통념, '한 번 지나간 시간은 되돌릴 수 없다'는 진리에 '시간은 금'이라는 강박까지 더해지며, 우리는 스스로를 끊임없이 채근하게 되었다. 그러다 보니 늦잠이라도 자는 날엔 하루를 상쾌하게 시작하기는 커녕, 허둥지둥 집을 나서며 스스로를 질책하기 일쑤다. '이렇게 게을러서 뭘 하겠다는 거니?', '이러니까 네가 성공 못 하는 거야!' 같은 말들이 머릿속을 맴돌며 자책하게 만든다.

이런 자괴감에 빠져 있을 때 반갑게도 아침형 인간에 대한 반론이 제기됐다. 세계적인 수면 전문가들 중 일부는 "사람마다 잠들고 깨어나는 시간을 결정하는 고유한 생체시계가 있으며, 이는 유전적 형질에 의해 결정된다. 따라서 자신의 리듬에 맞춰 하루를 계획하면 수행 능력을 훨씬 높일 수 있다."라고 주장했다.

이에 대한 근거로 아인슈타인은 하루 10시간 이상을 잤다고 알려져 있다. 그는 충분한 수면으로 뇌를 쉬게 하면서 창의력, 사고력, 논리력을 끌어올렸다고 한다. 올빼미형 인간으로 알려진 버락 오바마 전 미국 대통령 역시 밤늦게까지 업무를 처리했으며, 새벽까지 혼자 집무실에 앉아 중요한 결정을 내리는 일이 많았다. 이처럼 각자 자신이 가장 집중할 수 있는 시간대를 활용해 최상의 성과를 냈다고 볼 수 있다.

하버드대학교가 시간 관리를 강조하는 이유

"누군가 동료들과 보조를 맞추지 못하고 있다면 그것은 아마도 그가 다른 행진곡을 듣고 있기 때문이리라. 그가 듣는 음악에 발을 맞추게 내버려 두자. 그 박자가 맞든 틀리든, 그 소리가 크든 작든."

『월든』을 쓴 헨리 데이비드 소로Henry David Thoreau의 말이다. 자기 나름의 리듬을 타면 그것이 다른 이의 리듬에 맞추는 것보다 뛰어난 효과를 발휘할 수 있다. 남들에게 맞추기보다 자기만의 생체리듬을 알아야 한다. 진로를 결정할 때나 직업을 선택할 때, 인간관계를 맺거나 효율적인 일 처리를 원할 때 어느 시간을 선택해야 최대의 효과를 낼 수 있는지 알고 그에 맞춰 대처할 수 있다.

다음은 자신의 생체리듬을 확인하는 방법이다. 매일, 매월, 매년 그리고 날씨나 개인이 처한 상황에 따라 달라질 수 있지만, 기본 패턴을 알기 위한 것이니 주도면밀하게 관찰할 필요는 없다. 너무 예민하게 반응할 필요도 없다. 하루하루를 정리하고 한 달 단위로 패턴을 살펴보는 것도 좋은 방법이 될 것이다.

AI 시대, 불안한 오늘을 살아가는 너에게

1. 하루 생체리듬 점검표

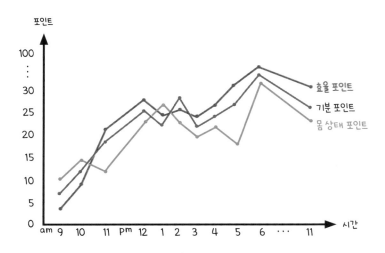

2. 한달 생체리듬 점검표

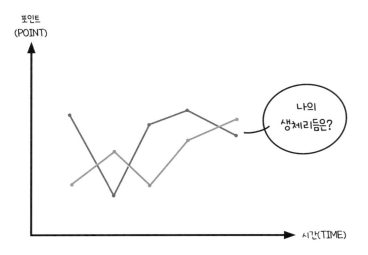

자신의 생체리듬을 관찰했다면, 이제 시간을 보다 효율적으로 분배해 보자. 우선 자신에게 큰 영향력을 끼치는 중요한 일들의 우선순위를 정하고 이를 처리할 시간을 먼저 확보하는 것이 핵심이다. 그다음으로 덜 중요한 일이나 영향력이 적은 일에 시간을 배분하면 된다. 특히 굳이 하지 않아도 되는 일 예를 들어, 메일 확인이나 SNS 사용 등은 생체 리듬이 가장 활발한 시간대에 배치되는 일을 피해야 한다. 이렇게 하면 중요한 업무에 최상의 에너지를 쏟을 수 있고, 일상적인 일들은 자연스럽게 여유 있게 처리할 수 있다.

자신에게 최적화된 시간에는 최대의 효율을 낼 수 있으므로 노력을 덜 들이고도 더 높은 성과를 거둘 수 있다. 이는 자신이 집중하고 싶은 일이나 공부, 그 외 어느 것이든 마찬가지다. 무조건 쉴 없이 열심히 일한다고 해서 모두 최상의 결과를 가져오지는 않는다.

안타깝게도 많은 사람이 혼자서 집중하고 창의적으로 생각하는 일을 할 때, 최적의 시간을 제대로 활용하지 못하고 있다. 단순히 '오전에는 집중력이 높고, 오후에는 피로가 쌓이며, 저녁이 되면 모든 것이 귀찮아진다'는 식으로 섣불리 판단해 버린다. 그러다 보니 중요한 일을 오전에 억지로 몰아넣지만, 기대했던 만큼의 효율을 얻지 못하는 경우가 많다. 이처럼 보편적인 관념만으로는 시간을 유용하게 활용할 수 없다. 적확한 자신의 생체리듬

AI 시대, 불안한 오늘을 살아가는 너에게

을 알아야 하는 까닭이 여기에 있다.

자신의 생체 리듬을 파악했다면, 이제 자신과 관련된 사람들의 리듬도 관찰해 보자. 이는 자주 부딪히는 사람들과 원활한 관계를 유지하는 데 유용한 방법이 될 수 있다. 단순히 개인의 효율성을 높이는 것을 넘어, 상대방의 최적의 리듬을 이해하고 배려함으로써 보다 조화로운 협업과 소통이 가능해진다. 뿐만 아니라, 복잡하고 어려운 문제도 타인의 리듬을 고려하는 것만으로 생각보다 쉽게 해결될 수 있다. 반면, 자신의 리듬만을 우선시한 채 타인의 리듬을 무시한다면 마찰과 불협화음이 생기기 마련이다.

우리는 결국 관계 속에서 성장하고 발전하는 존재라는 사실을 잊지 말자. 시간 관리뿐만 아니라 인간관계에서도 리듬을 맞추는 것이 중요하다.

하버드대학교의 교수와 학생들은 시간을 천편일률적인 방식이나 획일화된 방법으로 활용해서는 안 된다는 사실을 깊이 자각하고 있다. 그들은 '시간 관리의 중요성', '시간 관리 전략', '시간 관리 혁명' 등을 주제로 한 수업과 책을 통해 자신에게 주어진 시간을 활용하는 법을 배운다. 이를 통해 그들은 자기 삶의 리듬을 존중하면서 자신의 역량을 발휘한다. 시간이라는 도구를 가장 효율적으로 사용하려는 그들의 태도는 놀라울 정도로 일관된다. 그 결과, 하버드대학교 출신의 성공한 사람들을 보면 그들은 놀라울 정도로 시간 관리의 중요성에 대해 일관된 반응을 보인다.

자신의 생체 리듬에 맞춰 시간을 활용하지 못한다면, 마치 신이 준 소중한 선물을 그대로 벽장에 처박아두는 것과 같다. 제대로 활용하지 못하면, 엉뚱한 시간대에 에너지를 쏟고 능률과 효율을 낭비하게 된다. 오히려 자신의 리듬에 맞지 않는 억지스러운 시간 관리는 역효과를 초래할 수 있다.

같은 가치관과 목표를 가지고 똑같은 노력을 기울여도, 성과가 다르게 나타나는 이유는 결국 '시간 관리 방식'에 있다. 중요한 것은 시간을 어떻게 관리할 것인가, 즉 자신만의 기준을 세우자. 유명한 시간 관리 이론에 흔들리지 말고, 자기만의 리듬을 찾고 계획하고 꾸려나가야 한다.

 나를 바꾸는 한 걸음

1 하루 중 가장 의욕이 넘치는 시간대는 언제인가?

2 잠들기 전에 어떤 생각을 많이 하는가?

3 컨디션이 안 좋을 때 기분을 전환하는 방법이 있는가?

4 중요한 일을 하려 할 때 꼭 피해야 할 시간을 알아두자.

5 피로감을 느낄 때 극복하는 나만의 방법은?

6 효율성을 극대화할 수 있는 시간대는?

AI 시대, 불안한 오늘을 살아가는 너에게

성취감을 주는 일에 매달리자

선택과 집중. 우리가 익숙하게 들어온 말이다. 중요한 것을 선택하고 거기에 집중하라는 조언도 여러 번 들었을 것이다. 하지만 막상 하나를 선택하려니 확신이 서지 않고, 집중하려 해도 마음이 혼란스럽기만 하다.

'선택 장애'라는 말이 있을 만큼 우리는 선택에 대해 주저하게 된다. 어릴 적부터 훈련받지 못했던 까닭이다. 자아가 형성되기 전부터 우리는 누군가 지시하는 대로 이끄는 대로 살았다. 학교, 학원, 진로까지 인생에서 중요한 부분을 자신이 결정할 수 없었다. 그 결정에서 정작 본인인 '나'의 의견은 빠져 있었다. 그로 인해 누군가에 의한 삶을 살아야 했다.

그러나 성장한 후에도 선택 앞에서 망설이는 더 큰 이유는 그 선택에 '책임'질 자신이 없기 때문이다. 실패에 대한 두려움으로 자기 소신을 행동으로 옮기지 못한다. 이를 냉정하게 말하면 책임을 회피하고 싶은 마음의 발로이다. 어떤 변화를 시도하거나 새로운 것에 도전할 때 이 걱정은 극대화된다. 완벽하고 싶은 마음, 선택에 후회가 없어야 한다는 강박 때문이다. 하지만 이때 떠오르는 불안은 대개 쓸데없는 것들로, 집요하게 물고 늘어지고 끝내 우리를 주저앉게 만든다. 장담하지만 걱정과 불안은 문제를 절대로 해결해 주지 않는다.

어떤 선택을 하든지 손해 볼 것 없다고 생각하자. 원하는 결과를 얻는다면 금상첨화겠지만, 설령 실패한다 해도 경험이 쌓이고 다음 도전에서 시행착오를 줄일 수 있다. 혹독한 예방주사를 맞

AI 시대, 불안한 오늘을 살아가는 너에게

았다고 생각하면 된다. 선택에 주저하며 시간을 보내는 것보다 한시라도 빨리 결정을 내리고 실행에 옮기는 편이 더 유익하다. 특히 정해진 시간을 활용해서 성취감을 맛보고 싶을 때는 선택하는데 과감해야 한다. 한정된 시간에 효율을 극대화하고, 어떤 성과를 내느냐에 따라 인생의 결과가 달라지기 때문이다.

　시간 전문가들은 중요한 일의 순서대로 일련번호를 매긴 다음 첫 번째 항목부터 일을 수행하라고 조언한다. 만약 첫 번째 일을 다 끝내지 못했더라도 가장 중요한 일을 처리했기 때문에 다음 일이 조금 미뤄지더라도 크게 염려할 것이 없다는 것이다. 그동안 우리는 중요한 순서가 아니라 하고 싶은 일이나 쉬운 일부터 우선 처리하는 경향이 있었다. 이는 중요한 일을 미루게 만든다. 그렇다면 일의 중요도를 어떻게 파악할 수 있을까? 다음 표를 참고해 보자.

✖ 시간 활용을 위한 일의 중요도 점검표

1. △△△ 일에 대한 평가

	5점	4점	3점	2점	1점
반드시 해야 하는 일인가?					
자신이 세운 목표를 이루는 데 도움이 되는가?					
자신이 평가받는 데 이 일이 끼치는 영향은?					
완결하는 데 걸리는 예상 시간은?					
마감 시간이 급한가?					
평가 점수					

2. ○○○ 일에 대한 평가

	5점	4점	3점	2점	1점
반드시 해야 하는 일인가?					
자신이 세운 목표를 이루는 데 도움이 되는가?					
자신이 평가받는 데 이 일이 끼치는 영향은?					
완결하는 데 걸리는 예상 시간은?					
마감 시간이 급한가?					
평가 점수					

AI 시대, 불안한 오늘을 살아가는 너에게

1번과 2번의 일에 대한 점수를 합산하여 비교해 보자. 일의 우선순위를 정할 때는 높은 점수가 나온 일부터 선택하고 집중도를 높이면 된다. 할 일이 많다면 표를 더 많이 만들어야 한다. 그래야만 객관적인 비교를 통해 중요도를 점검하고 선택해서 집중할 수 있다.

이때 중요도가 높으면 높을수록 자신의 생체리듬에 맞춰 가장 효율이 높은 시간대에 배치하라. 생체리듬과 중요도는 비례한다고 생각하고 거기에 맞춰야 한다. 우선순위에 따라 먼저 선택하고 먼저 일정을 잡아라. 앞에서도 언급했지만, 중요도 높은 일을 자신의 생체리듬이 최저인 시간대에 배정하면 기대한 성과를 얻기 힘들다.

항상 바쁘고 언제나 눈앞의 급한 일을 처리하는 데 급급하면 늘 시간에 쫓겨 취미나 사적인 일에 시간을 할애할 수 없다. 그렇게 될수록 자신이 해내는 일의 성과가 미미할 수밖에 없다. 자신에게 주어진 모든 일이 중요하기 때문에 일의 순서가 없고 한 가지 일에 집중하지 못하는 까닭이다. 온종일 종종거리다 보니 결국 쉬운 일만 완결될 뿐, 정작 중요한 일은 손도 못 대는 상황이 펼쳐진다.

앞의 점검표를 자신의 목표나 계획에 맞춰 하루, 일주일, 한 달, 1년 단위로 작성해 볼 것을 권한다. 시험이나 공모전을 준비하는 등 자신의 미래를 설계할 때도 유용하다. 하루의 반복이 쌓여 인생이라는 큰 덩어리가 된다.

우리가 중요한 일에 우선순위를 정했다면, 그 일은 머리에서 쉽게 떠나지 않는다. 길을 가거나 샤워하는 순간에도 떠오른다. 그뿐 아니라 친구나 선배를 만났을 때 이야기를 나누며 조언을 구하게 된다. 혼자서 전전긍긍해도 보이지 않던 해결 방법을 찾게 되고 어느 때는 스스로 길을 열기도 한다. 그래서 생각보다 쉽게 목표에 도달할 수 있다.

"어느 한 가지에 몰두하면 놀랄 만한 성과를 보게 될 것이다!"

작가 마크 트웨인Mark Twain의 말이다. 자신에게 기대를 걸어라. 기대한 능력을 최대한 발휘하기 위해, 목표를 이루고 꿈꾸던 일을 실현하기 위해 내 앞에 산재한 일들의 우선순위를 매겨 보자. 마음을 분산하는 요소들을 제거할 수 있다. 나를 산만하게 만드는 사람, 일, 사물들을 머리에서 최대한 밖으로 끌어내자. 그것들로부터 눈을 감고 마음의 문을 닫아야 한다. 자신의 시간을 통제할수록 중요한 일에 대한 집중도가 높아진다. 그래야만 산만한 일상에 휘둘리지 않고 삶의 주도권을 쥘 수 있다.

AI 시대, 불안한 오늘을 살아가는 너에게

나를 바꾸는 한 걸음

1 지금 내 앞에 주어진 일들을 적어보자.

2 주어진 일들의 우선순위를 매겨 보자.

3 자신이 하는 일이나 걱정 중 타인과 관계된 일이 있는지 생각해
   보자.

4 오늘 가장 시간을 많이 할애한 일은 무엇인가?

5 오늘 한 일 중 가장 중요한 일은 무엇이었는가?

6 이루었을 때 가장 성취감이 높은 일을 크게 적어 잘 보이는 곳에
   붙이자.

미루는 마음은 보이지 않는 곳에 뭐라

습관은 무섭다. '세 살 버릇 여든 간다'는 말처럼 어린 시절에 잘못 들인 습관이 인생 전반에 걸쳐 끈질기게 따라붙는다. 우리 몸에 깃든 습관은 헤아릴 수 없이 많다. 좋은 습관, 나쁜 습관 등 다양하지만, 그중 '미루기'도 습관의 하나다. 게으르거나 하기 싫어서 미루는 것이지만, 그 또한 습관이라 할 수 있다. 그러나 단언컨대, 미루기는 고질적이고 백해무익한 습관이다.

고백하자면 나도 상당히, 아니 아주 많이 미룬다. 진짜 습관처럼, 버릇처럼 미룬다. 솔직히 말하면, 화장실 가는 것 외에는 거의 다 미룬다. 어느 땐 화장실 가는 것조차 급하지 않으면 미룬다. 그

AI 시대, 불안한 오늘을 살아가는 너에게

저 귀찮다는 이유로 미루는 것은 정말 큰 문제다. 그래서 나는 왜 우리가 일을 미루는지, 미루면 어떤 상황이 일어나는지를 연구해봤다. 미루는 습관을 계속 키워가다 보면 내 인생이 결국 코너에 몰려 완전히 쭈그러들 거라는 게 뻔히 보였기 때문이다. 미루는 습관을 연구한 끝에 내린 결론은 간단하다. '미룬 만큼 나태함에서 벗어날 수 없다'는 것. 보다 직접적으로 말하자면, 미루기는 아주 지독히 깊은 함정이었다.

먼저, 미루기가 심각한 문제라는 점을 인식한 캘거리대학교 경영대학원 교수 피어스 스틸Piers Steel 박사는 일을 미룰 가능성을 예측할 수 있는 네 가지 요소를 발표했다.

1. 성공에 대한 기대감(이 일을 할 수 있는가?)

2. 임무 완수의 가치(이 일을 끝내는 것이 얼마나 중요한가?)

3. 일의 마감 시간(이 일을 얼마나 빨리 끝내야 하는가?)

4. 개인 취향 및 감수성(이 일을 얼마나 좋아하는가?)

미루기는 단순히 습관에 의한 행동이 아니라, 심리적으로 위 네 가지 요인으로 인해 미루는 쪽을 선택하게 된다고 한다. 이 네 가지 요인에 대해 부정적인 대답이 많을수록, 그 일이 미뤄질 확률이 높아진다. 여기서 '일'이란 단순히 눈앞에 닥친 일만이 아니라 개인적인 목표나 꿈, 이루어내야 하는 성과도 포함된다. 이것들을 포함하지 않으면 미루기 영역이 근시안적으로 좁혀지고 개선해야 할 여지도 좁아진다.

지금 중요한 일을 미루고 있지 않은가

우리는 늘 계획을 세우고 실천하고 실패하고 수정하고 성공하기를 반복하며 살아간다. 일상적인 매일 운동하기, 과제 완성하기부터 자신의 꿈이 그 무엇이 되기까지 인생 전반에 걸쳐 목표를 세우지만 모든 계획은 자신과의 싸움을 동반한다.

AI 시대, 불안한 오늘을 살아가는 너에게

계획은 치밀하고 적극적이며 열정으로 빡빡한데 실행이 뒷받침되지 않는다면 무용지물이 되고 만다. 밤새도록 다음 날 할 일을 계획하고 잠들지만, 다음 날 아침 '조금만, 더 조금만, 더'를 외치다가 결국 1번 계획을 포기한 예가 비일비재하지 않은가. 시작이 어긋나면 그 후의 계획들도 자연스럽게 틀어지기 마련이다. 정신을 가다듬고 각오를 다지지 않으면, 느슨해진 마음은 쉽게 조여지지 않는다. 그 결과 계획한 일들을 계속해서 '다음'으로 미루며 열정 없는 하루하루를 보내게 된다.

어디 그뿐인가. 포부도 당당하게 신년 계획을 세웠지만, '내일부터'라는 말을 입에 달고 하루하루 보내다 보니 어느새 6월, 9월 그리고 12월이다. 물론 열심히 살지 않은 건 아니다. 열심히 산 것도 알고, 적극적으로 바쁘게 살았다는 것도 안다. 그렇지만 무엇 때문에 바빴는지 살펴보자.

한 일들을 구체적인 항목으로 나눠 써 보면 의외로 쓸 게 많지 않다. 정작 중요한 것은 미루고 부수적인 것들을 위해 열심히 산 것은 아닌지 후회가 몰려온다. 그렇다고 자책하지는 말자. 거의 대다수 사람 모두 그렇다. 그러기에 우리는 이 시점에서 중요한 것, 미루지 않고 밀고 나가야 하는 것을 정리해야 한다. 자기 인생 전반에 영향을 끼치는 것들을 재정비할 필요가 있다.

❈ 미루는 습관을 없애기 위한 전략(예시)

1. 미루는 일

미루는 일	마감 시한	미루는 원인	숨은 동기	방해 요소	일의 가치(평점)

　　단, 일의 가치를 평가할 때는 당장 눈앞의 이익만 따지지 말고, 사회적 인정이나 자신의 신뢰에 미치는 영향까지 미래에 대한 투자 관점에서도 평가되어야 한다.

2. 미루지 말고 추진해야 하는 이유

미루는 일	마감 시한	일의 중요도	받고 싶은 평가	기대 효과	장기 목표

　　일을 나중으로 잘 미루는 사람은 충동성이 강한 편이다. 인내심을 발휘하지 못하고 당장 모든 것을 손에 넣고 싶어 하는 경향이 높다. 자제력을 보이거나 만족감을 뒤로 미루는 것은 충동적

AI 시대, 불안한 오늘을 살아가는 너에게

인 사람에게는 너무 어려운 일이다.

또한 유혹에 약하다. 일주일 후의 기한을 영원히 오지 않을 먼 미래처럼 여기고, 순간의 즐거움만을 추구한다. 이는 그 일이 주는 정신적, 육체적 고통에서 벗어나고 싶은 욕구가 강하게 작용하기 때문이다.

일에 대한 두려움 못지않게, 일에 대한 자신감도 일을 미루게 만든다. 이는 개인적인 허영심의 발로로 자기 머리와 추진력을 믿고 일을 미룰 수 있는 최대의 한계까지 미뤘다가 급하게 끝낸다. 주위에서 미루는 것에 대해 걱정하면, "신경 쓰지 마. 내가 누구야!"라고 큰소리친다. 단기간에 긴장하고 집중하므로 효율이 높다고 주장하지만, 미루는 행위가 초래할 손해와 위험은 고려하지 않은 채 자신을 너무 믿어 생기는 착각에 불과하다. 여기에 더해 실패할 확률과 서두르다 실수를 범할 수 있다는 사실을 간과한다. 반복하고 수정하여 완벽하게 마무리할 기회를 미루면서 날려버린다. 실수가 자주 일어나면, 결국 신뢰를 잃게 된다.

미루는 습관을 완전히 없애는 것은 불가능하지만, 통제할 수는 있다. 일을 미루고 있으면 마음이 불편해지고, 시간이 지날수록 부담이 커진다. 미루었기 때문에 잘할 수 있다는 자신감은 어느새 초조함으로 변하고, 심리적 압박은 집중력을 떨어뜨린다.

피할 수 없는 일이라면 그에 대한 책임을 감당하고, 감수해야 한다. 미루다가 급하게 진행한 결과에 대한 책임도 고스란히 자기 몫이다.

미루고 싶은 마음이 들 때마다 위에 제시된 '추진해야 하는 이유'를 찾아라. 기대 효과를 부풀릴 필요는 없다. 장기적인 목표에 도움을 제시할 수 없다고 하더라도 책임감 있는 사람으로 주위의 신임을 얻을 수 있다. 어떤 이는 일부러 자신이 계획한 일을 주위 사람에게 말한다. 자기를 지켜보는 시선이 있으니 자기 말에 책임을 지기 위해, 자신을 지켜보는 시선을 의식하고 집중할 수 있다는 이유에서다. 이런 사람의 말이나 약속은 검증된 문서처럼 확실한 믿음을 준다. 반면, 말만 해놓고 차일피일 미루며 계획이나 목표를 이루지 못하는 사람은 아무리 신중하게 말을 전한다고 하더라도 신뢰할 수 없다. 그들의 말을 다 듣고 나면, 속으로 '하기나 하서.'라고 비웃음당하게 된다.

공부나 과제를 미루고 싶은 마음이 든다면 그것을 해냈을 때 가져오는 최대의 효과를 떠올려보자. 자기도 모르게 흐뭇한 웃음이 피어날 것이다. 그만큼 즐거운 마음으로 미루지 않고 실행할 수 있다. 작은 것부터 달성하고, 일을 즐길 방법을 찾아보는 것도 중요하다. 하나를 이루어냈을 때 성취감은 다음에 오는 일에 영향을 미치기 때문이다.

실제로 일을 마친 후에는 자신에게 보상을 주거나 스스로 칭찬과 격려를 해보자. 가능하다면 물질적 보상도 좋다. 그것을 볼 때마다 그날의 기분이 새록새록 샘솟아 다른 일도 열심히 할 수 있다. 자신도 모르는 사이, 미루지 않고 도전하는 용기가 자연스럽게 생기게 된다.

만족감을 기록으로 남기는 방법도 실행력을 높이는 데 효과적이다. 사진이나 영상, 간단한 소감을 SNS에 올리고 반응을 보자. 자신을 아는 사람들의 응원 속에서 더 큰 뿌듯함을 느낄 수 있다. 작은 성공이 인생의 장기적이고 큰 목표를 이룰 수 있게 돕는다.

미루는 습관은 나의 미래를 위협할 수 있다. 무의식중에 미루는 습관을 정당화하거나 변명하지 마라. 미루는 습관 하나가 최고의 능력을 발휘할 기회를 망칠 수 있다. 당장 미루어둔 일을 눈앞에 가져다 놓아라. 그리고 끙끙대라. 안 풀리던 일의 묘수가 보이고 꽉 막힌 탈출구가 스르르 열린다. 요행을 바라지는 마라. 그동안 고민하던 문제가 1, 2분 안에 해결되지는 않는다. 30분, 1시간 알람을 맞춰놓고 휴대전화나 방해 요소를 모조리 제거한 뒤 오롯이 그 일에만 집중해 보자. 잘못된 습관이나 버릇을 바꿀 수 있는 계기가 된다.

해야 할 일을 미루면 미룰수록 습관은 더욱 집요하게 우리를 괴롭힌다. 나쁜 습관이 고착될수록 우리는 그 덫에서 벗어나기 힘들다. 그 결과 계획은 무너지고 삶의 목표는 일순간 망가진다. 미루다가 마지못해 한 일이 불러오는 실수 하나가 큰 실패로 이어지며, 무기력함에 빠트리고 자신을 부정하는 자괴감에 시달리며 사회에 대한 두려움으로 번지기도 한다. 그러므로 절대 미루지 말고 '그냥' 준비한 것을 밀고 나가라. 자신의 방식대로 삶을 이끌어가는 비결이다.

 나를 바꾸는 한 걸음

1 지금 할 일을 미루는 대신 다른 일이 얼마만큼의 가치를 지니고 있는가?

2 할 일을 미루고 한 일을 적어보자. 그 일의 가치를 점수로 매기자.

3 미룰 때마다 드는 생각을 써 보자.

4 자신이 계획한 일을 미루는 원인을 분석해 보자. 습관인가, 충분한 이유가 있는가?

5 심적으로 가장 부담을 느끼는 일은 무엇인가. 왜?

6 미룬 일의 계획을 다시 세워 보자. 이때 자신의 기대를 같이 적어보자.

AI 시대, 불안한 오늘을 살아가는 너에게

멈춤이 필요하다는 신호를 무시하지 말자

경제의 기본원칙은 '최소 비용 최대 효과'이다. 한정된 자원을 효율적으로 활용하여 최대의 만족을 얻는 것으로, 이익을 극대화하려는 전략이다. 이를 인간에게 적용해 보면, 주어진 환경과 능력을 활용해 자기 욕망을 최대한 충족시키라는 의미가 된다. 이는 자신에게 가장 효율적인 방법을 찾아낼 때 비로소 가능해진다.

'희소성'은 인간의 욕구에 비하여 그 충족 수단이 제한되어 있거나 부족한 상태를 말한다. '한정된'은 수량이나 범위 등을 제한하여 정하거나 그런 한도를 말한다. 즉, 희소하다는 것과 한정되어 있다는 것은 더 이상 늘릴 수 없는, 제한된 자원을 말한다. 여러 가지가 있겠지만, 그중 가장 대표적인 것이 바로 '시간'이다.

하루 24시간. 개인의 수명에 따라 활용할 수 있는 시간에는 차이가 있을 수 있지만, 모든 사람에게 주어진 하루의 시간은 같다. 돈이 많든 적든, 능력이 있든 없든, 나이가 어떠하든, 가능성이 있든 없든 모두 같은 24시간을 가지고 있다. 자신에게 시간이 부족하다고 해도 어떤 방법으로도 늘릴 수 없다. 아낀다고 해서 축적되는 것도 아니고 펑펑 쓴다고 해서 마구 없어지지도 않는다. 시간은 아주 일정한 간격으로 움직이며, 지극히 제한된 상태에서 주어지고 우리는 그것을 이용할 수 있을 뿐이다.

그래서 우리는 주어진 시간 안에서 최대의 효과를 내기 위해 노력한다. 열심히 사는 자신에게 마법이 일어나길 희망하며 한시도 쉬지 않고 꿈을 실현하기 위해 매달린다. 그 와중에 상대적으로 느끼는 빈곤감 또는 박탈감 때문에 자신을 채근한다. '조금만 더!', '한 시간만 더!', '잠을 줄여!', '네가 안 되는 이유는 네 안에 있다'라며 자신이 어떤 어려움도 감당할 수 있다고 믿으며 정신적 학대를 가한다. 하지만 안타깝게도 그에 따른 성과는 기대에 미치지 못한다. 그가 손에 쥔 결과물은 자기 혹사에 비해 미흡하다.

오히려 쉬는 시간을 정하는 것이 효율을 높인다. 우리는 쉬어야 한다. 그것도 아주 적절한 때, 적절하게! 이는 우리 인생의 의미와 가치를 찾기 위해서다. 목표를 향해 나아가는 즐거움을 그 과정 속

AI 시대, 불안한 오늘을 살아가는 너에게

에서 만끽하며 끝까지 포기하지 않기 위해 꼭 필요한 조치다.

그럼에도 불안한 미래 때문에 잠시도 쉬지 못하는 사람들이 있다. 남들보다 뒤처질까 봐 아주 잠깐 쉬는 동안에도 초조해하고, 자신이 뛰어나갈 방향을 고민하며 주먹을 쥐락펴락한다.

하지만 우리 삶의 '쉼표'는 마침표가 아니다. 문장에서의 쉼표는 그 의미를 분명하게 해주고, 뒤에 오는 문장의 이해를 돕는다. 교향곡에서 쉼표는 강렬한 여운과 함께 다음에 이어질 음률을 기대하게 한다. 때로는 긴장감을 배가시켜 더 황홀하게 하고 어느 땐 더욱 큰 짜릿함을 느끼게도 한다. 역동적으로 달리는 기차는 역에 멈춰 에너지를 충전시킨다. 그러니 꼭 필요한 지점에서 우리는 쉼표를 만나야 한다. 다음을 위해 잠깐 걸음을 멈추고 편히 쉬는 것을 아까워해서는 안 된다. 목표를 정하고 꿈을 위해 뛰는 여러분이 더 나은 지점으로 나아갈 수 있도록 돕는 시간이다.

바쁜 일상에서 꼭 필요한 쉼표

우리가 쉼표를 찍어야 하는 적절한 때는 언제일까? 솔직히 매일 쉼표를 찍고도 성공할 수 있다면 그보다 좋은 게 있을까. 이는 아주 즐거운 상상이지만 절대로 일어날 수 없는 공상이다. 그런 쉼표는 인생 마침표가 되어 버린다.

그렇다면 적절한 쉼표를 언제, 어디에 찍어야 하느냐고 어느 유능한 문장가에게 물었더니 그는 책의 한 문단을 다섯 번 반복해서 읽었는데도 어떤 내용이었는지 파악이 되지 않을 때라고 했다. 이때는 이미 우리의 뇌는 많은 정보로 가득 차 있고, 기억력이 흐려져 있어 아무리 읽고 학습해도 더는 새로운 인풋을 받을 수 없는 상태다. 우리도 마찬가지다. 목표를 향해 달려가고 있지만, 효율이 떨어진다면 그때가 바로 쉼표를 찍어야 할 때다. 억지로 기를 쓰고 하다가 불현듯 '쉬어야겠다'는 생각이 들 때, 그것이 쉼표를 찍을 신호다.

좀 더 구체적으로 어느 때 쉼표를 찍어야 할지 점검해 보자.

✖ 쉼표가 필요할 때

· 이유 없이 몸이 나른하다.

AI 시대, 불안한 오늘을 살아가는 너에게

· 불안하고 초조해서 잠을 푹 자지 못한다.

· 하는 일에 집중할 수 없다.

· 모든 일에 흥미가 떨어지고 즐겁지 않다.

· 의욕적으로 하던 일에 회의가 든다.

· 모두 경쟁자로 보인다.

· 자신을 120% 활용하고 있다고 생각한다.

· 하고 싶지 않은 일을 억지로 끝냈다.

· 에너지는 고갈되었고 스트레스가 가득하다.

정신건강 전문의는 사람이 피로하면 '편도체'의 활동이 활발해져 쉽게 불안해지는 동시에 분노를 억제하는 '전두엽'의 활동이 낮아진다고 했다. 이로 인해 불안해지고 화를 참지 못하는 상태에 이를 수 있다. 정상적인 컨디션을 유지하지 못하는 상태에서는 계획한 공부의 효율과 생산성뿐만 아니라 인간관계에도 영향을 미칠 수 있다. 자신의 상태를 통제할 수 없는 지경에 이르기 전에 자신의 일상에 쉼표를 찍어라.

쉼표의 종류는 다양하다. 숨 한 모금 삼키는 쉼표도 있고, 8분 쉼표, 4분 쉼표, 2분 쉼표, 심지어 온쉼표까지 있다. 중요한 것은, 자신의 상황에 맞춰 적절한 쉼표를 선택하고 그에 맞게 쉬는 것이다. '여행'이 최고의 쉼표라고 생각하는 이는 언제든 떠날 준비를 해놓고 휴일마다 가까운 곳으로 떠나라. 일상의 공간에서 다른 공간으로 이동하면서 온쉼표를 찍을 수도 있다.

일주일을 계획하면서 하루의 몇 시간은 비워놓는다. 부족한 잠을 보충하기도 하고 그 시간에는 어떠한 약속도 잡지 않고 잠을 방해하는 일은 하지 않는다. 카페인이 잔뜩 든 음료 안 마시기, 적당히 몸을 움직이기 등을 실행하는 것이다.

즐거움을 위한 쉼표도 있다. 이를 위해 자신이 즐길 수 있는 취미를 찾아보는 것이다. 운동, 그림, 음악, 사진, 영화 감상 등 다양한 분야에서 자신의 취향에 맞는 동아리를 선택할 수 있다. 이러한 동아리에는 상당히 전문적인 지식을 가진 사람들이 있어 배우면서 즐길 수 있다는 장점이 있다. 이런 취미활동은 일상에 새로운 에너지를 불어넣어 줄 뿐만 아니라, 삶을 더 풍요롭고 다채

AI 시대, 불안한 오늘을 살아가는 너에게

롭게 만들어준다.

　나는 휴식을 위해 하루를 정해 아무것도 하지 않고 뒹굴며 보낸다. 음악을 틀어놓고 침대에서 절대 일어나지 않으려고 한다. 가벼운 책을 읽으며 몸과 마음을 풀어준다. 미리 하루 전, 가족에게 이렇게 공지한다. "내일은 하루 종일 마음껏 쉴 거야." 이는 건들지 말라는 뜻이자, 잔소리도 금지라는 의미다. 충분히 쉬고 나면 심적 안정감을 되찾고, 삶의 만족도는 확실히 높아진다.

　물론 매번 일상에서 벗어나 큰 온쉼표를 찍을 수는 없다. 그럼에도 일상 속에서 짬짬이 쉼표를 찍는 것도 좋은 방법이다. 어떤 이는 자신이 가장 즐겨 하는 일이 햇살이 드는 밝은 창가에 앉아 있는 것이라고 했다. 사무실 창가든, 복도 창가든 햇볕이 따뜻한 곳을 찾아 자리를 잡고 숨을 크게 들이쉬면, 그 짧은 순간에 한 마디 쉼을 얻는 여유가 내 안에 깃든다는 것이다. 때에 따라 편의점에 가는 것도 짧은 시간 쉼표가 되기도 한다. 방법에 제한을 두지 말고, 자신에게 맞는 쉼표를 찾아보자.

　우리는 행복할 때 최소한의 비용으로 최대의 효과를 낼 수 있다. 정신적, 정서적으로 안정된 사람은 그렇지 않은 사람보다 더 많은 의욕을 발휘한다. 행복은 미리 만들어 놓고 꺼내 쓸 수 있는 것이 아니라는 사실은 모두가 알고 있을 것이다. 누군가 대신 만들어주는 것도 아니다. 행복은 바로 우리의 행동에서 나온다.

자신의 행복을 찾는 쉼표는 우리의 삶을 찬란한 교향곡으로 만들어준다. 쉼표가 있는 우리의 운명 교향곡은 더욱 치밀해지고, 한 음도 허투루 흘려보내지 않는 나날이 된다. 우리 삶이 이렇게 고귀하고 아름다울 수 있도록, 바쁜 일상 속에서 쉼표를 찍어야 한다. 여러분의 머릿속에 쌓인 과도한 심리적 부담에 쉼표를 제시하라.

 나를 바꾸는 한 걸음

1 들으면 힘이 나는 노래 Best 10곡을 선정한다.

2 힐링이 되는 자신만의 장소 세 곳을 찾아보자.

3 스트레스를 날릴 수 있는 일상의 즐거움 열 가지를 적어보자.

4 다음 생애에 태어나고 싶은 캐릭터를 상상해 보자.

5 관계를 끊고 싶은 사람들 이름을 적어서 찢어버리자.

6 10분 스톱워치를 눌러놓고 멍하니 있어 보자.

AI 시대, 불안한 오늘을 살아가는 너에게

래리 페이지,
후회하지 않기 위한 도전

판단과 선택은 조금 다른 의미를 지닌다. 선택은 문제를 해결하기 위한 여러 수단을 의식하고 그 가운데 하나를 골라내는 과정이라면, 판단은 선택의 기준을 정하는 생각이나, 그에 상응하는 가치를 인정하는 정도라고 할 수 있다. 따라서 선택하기 전에 판단이 선행되어야만 후회 없는 선택을 할 수 있다.

우리의 삶은 수많은 선택으로 이루어진다. 일상의 소소한 선택에서부터 인생을 좌우할 만큼 중요한 선택도 있다. 어떤 판단을 하느냐에 따라 선택이 달라지고 생각하지도 못했던 결과가 나오기도 한다. 판단과 선택의 기로에 서 있다면 래리 페이지^{Larry Page}의 이야기를 떠올려보자.

래리 페이지는 구글의 공동 창업자이다. 그의 부모님은 두 분다 컴퓨터 관련 교수였으며, 덕분에 어릴 적부터 자연스럽게 컴퓨터와 친숙해졌다. 학창 시절에는 워드프로세서를 이용해 과제를 제출하는 최초의 학생이기도 했다. 열두 살에 그는 전기의 마술사라 불리는 미국의 전기공학자 니콜라 테슬라Nikola Tesla의 전기를 읽고, 혁신적인 발명가가 되기를 꿈꾸었다. 대학에 진학할 때, 래리 페이지는 컴퓨터 엔지니어링을 공부하기로 결심하고, 부모와 같은 교수직에 도전하기로 했다. 그는 스탠퍼드 대학원에 진학하여 컴퓨터 사이언스를 공부했으며, 이 시점까지 그는 자신이 가장 잘할 수 있는 일이 바로 컴퓨터 관련 분야라고 확신하고, 그 선택에 주저하지 않았다.

스탠퍼드 대학원에서 공부할 당시 세르게이 브린Sergey Brin을 만난다. 그는 래리 페이지의 인생을 바꾼 인물이다. 래리 페이지와 함께 구글의 공동 창업자인 러시아계 브린은 성격이 호방하고 빠른 계산력을 가지고 있었다. 반면, 페이지는 세심하고 치밀하면서 내성적이었다. 둘은 처음에는 서로에게 호감을 느끼지 못했다. 페이지는 자신이 연구하는 월드와이드웹www을 백업하고 인덱싱하는 작업에 몰두했다. 하지만 혼자 연구하기에는 WWW는 너무 방대했고 정보는 한도 초과였다. 결국 그는 자신의 연구를

AI 시대, 불안한 오늘을 살아가는 너에게

접고 브린과 함께 웹 페이지에 가치를 매기는 일에 전력을 쏟는다. 이것이 바로 구글의 시작이었다. 자신의 연구가 아닌 동료의 연구에 합류한다는 점에서 자존심이 상할 수도 있었으나(당시 별로 친하지 않았다는 점을 근거로) 페이지는 합리적 사고로 현실 가능한 연구가 무엇인지 정확하게 판단하고 선택했다.

이때 페이지가 접은 연구는 현재 구글에서 서비스로 제공하고 있다. 월드와이드웹을 백업한다는 계획은 페이지가 구글을 설립하고 전 세계 19위(《포브스》 2015년 기준)의 부자가 된 뒤, 구글의 막대한 서버를 이용해 전 세계 웹 페이지를 백업하고, 사라진 웹 페이지를 사용자들에게 보여주는 것이다(캐시 페이지 보기 서비스). 현재 검색뿐만 아니라 구글의 주력 서비스로 자리매김하고 있는 구글은, 사용하던 웹 페이지가 사라져 곤란한 경우에 유용하게 활용할 수 있다.

래리 페이지는 자신의 연구를 완전히 접었던 게 아니었다. 현실에서 불가능하기에 실현 가능할 때까지 기다려야겠다는 냉철한 판단을 내렸을 뿐이다. 여기서 우리는 래리 페이지가 자기 연구에 대한 욕심과 집념이 없어서가 아니었다는 사실을 기억해야 한다. 단지 문제를 객관적으로 바라보고 목표에서 잠시 한 걸음 물러났을 뿐이다.

'구글'이라는 이름은 10의 100제곱, 즉 무한대를 뜻하는 구골 Googol을 변형한 데서 나왔다. 구글이 주식시장에 회사를 상장하려 하자 난관에 부딪힌다. 투자자들이 보기에는 페이지가 기업을 이끌기에는 너무 어리고 경험이 부족하다고 봤다. 그 우려에 그도 동의하고 전문 경영인 에릭 슈미트Eric Emerson Schmidt를 영입한다.

이 판단 또한 적중해 슈미트는 구글의 외적 성장을 내부 시스템이 따라가지 못하는 문제를 잡아내 내적 기틀을 잡고 대외 활동을 지휘했다. 그는 10년 동안 구글을 이끌며 회사의 비전과 방향을 제시했다. 페이지는 슈미트에게 경영 수업을 받으며, 기업 인수와 관련된 중요한 결정에서 강력한 영향을 미쳤다. 특히 안드로이드 운영체계와 유튜브 인수는 그의 예리한 판단이 성공을 거두었음을 입증하는 사례들이다. 그로 인해 구글은 IT 업계를 선도하는 기업으로 확실히 자리 잡게 되었다.

현명한 판단을 바탕으로 한 과감한 결단력은 누구나 지니고 싶은 능력이다. 그러나 판단할 때마다 개인적 욕심이나 집착이 판단을 흐리게 한다. 따라서 냉정하고도 객관적으로 판단할 수 있는 사고를 지닐 수 있도록 훈련해야 한다. 사고의 깊이를 더해야 판단의 착오를 줄일 수 있다.

셰릴 샌드버그, 에너지를 얻기 위한 도전

사람에게는 에너지가 있다. 그 사람을 움직이게 하는 동력이 자, 삶을 이끌어가는 원동력이다. 몸에 좋은 영양분을 섭취하여 얻는 에너지도 있지만, 개인이 가진 기※에서 나오는 에너지도 있다. 에너지가 많은 사람과 함께 있으면 자신도 모르게 덩달아 기운이 넘친다. 또한 할 수 있다는 자신감과 도전하고 싶은 용기와 패기를 주변인들에게 전한다. 그런 사람이 가족이나 친구라면 더 없이 좋겠다. 직장에서도 그런 이들과 함께 일하고 싶다. 나는 셰릴 샌드버그Sheryl Sandberg가 그런 인물이라고 단언한다.

샌드버그는 페이스북의 COO(최고운영책임자)이다. 2009년부터 디즈니와 스타벅스의 이사로 활동해 왔으며, 브루킹스연구소의 이사직도 수행 중이다. 샌드버그는 직업적인 경영자 이상의 모습으로, 양성평등 문제에 대한 깊은 관심을 보이며 여권운동가 같은 활동도 벌이고 있다. 일부에서는 그녀가 IT 업계에서의 성공을 바탕으로 정치인으로 변신할 것이라는 예측도 제기되고 있다.

그렇지만 샌드버그를 수식하는 가장 유력한 명함은 메타의 최고 운영책임자^{COO}다. 페이스북 창업자 마크 저커버그는 '샌드버그가 없었으면 페이스북은 지금의 모습을 갖추지 못했을 것'이라며 '가장 중요한 동료이자 소중한 친구'라고 평가했다. 전문가들의 평가도 비슷하다. 뛰어난 아이디어를 품은 저커버그와 실력을 두루 갖춘 샌드버그가 만난 것이 페이스북의 진짜 성공 비결이었다고 한결같이 입을 모은다.

샌드버그는 1969년 유대계 가정에서 태어났다. 아버지는 안과 의사였고 어머니는 대학교 교수였다. 플로리다주에서 성장한 샌드버그는 학창 시절 수석 자리를 놓친 적이 없으며, 1991년 하버드대학교 경제학과를 수석 졸업할 정도로 명석한 두뇌의 소유자였다. 그녀는 대학교 시절 에이즈 퇴치 운동을 하면서 제3 세계의 빈곤과 고통을 목격하고 '오직 세상에 좋은 일'만 하기로 맹세했다고 한다.

AI 시대, 불안한 오늘을 살아가는 너에게

1995년 하버드대학교 경영대학원에서 경영학 석사 학위를 수석으로 취득하고 컨설팅업체 맥킨지McKinsey에 잠시 몸을 담았던 샌드버그는 1996년부터 2001년까지 미 재무부에서 특별 보좌관으로 활동했다. 공익을 위해 비영리단체나 정부에서 일하고 싶어 했던 그녀는 워싱턴에서 사기업은 나쁘고 공영기업은 좋다는 자신의 고정관념을 완전히 바꾸게 된다. 이 경험을 계기로 IT 업계에 진출할 결심을 하게 되었고, 미국의 경제 성장이 기술 분야에서 비롯된다는 확신을 갖게 되었다. 그 후 샌드버그는 '기술 관련 회사에 들어가 경영 간부로서 열차를 달리도록 만드는 역할을 맡겠다'고 결심하며 새로운 도전을 시작했다.

2001년, 샌드버그는 에릭 슈미트Eric Schmidt 구글 회장의 간곡한 권유로 구글에 입사하게 된다. 당시 슈미트는 샌드버그를 영입하기 위해 거의 매주 전화를 걸어 "구글은 앞으로 성장하는 일만 남았다. 늦기 전에 합류하라."라고 설득하는 등 끈질긴 구애를 펼쳤다고 한다. 그녀는 2008년까지 7년간 구글에서 '애드워즈AdWords' 프로그램을 지휘하는 등 글로벌 온라인 판매 운영Global Online Sales and Operations을 담당하는 부사장으로 일했다. 이때 세계 최대 광고주들과 맺은 돈독한 관계는 훗날 페이스북의 매출 신장에 중대한 영향을 끼쳤다.

저커버그가 샌드버그를 처음으로 만난 것은 2007년 12월 크리스마스 파티에서였다. 샌드버그가 페이스북에 입사하기까지 약 2개월이 걸렸지만, 저커버그가 쏟아부은 시간과 열정은 대단했다. 저커버그와 샌드버그는 약 50시간에 걸쳐 미팅을 진행했으며, 어느 날은 저커버그가 그녀의 집까지 찾아와 밤늦게까지 논의하기도 했다.

샌드버그는 2008년 페이스북의 '넘버 2'인 COO를 맡았다. 저커버그는 '페이스북에선 모든 것이 빨리 성장하고 있다'면서 "샌드버그는 현시점에서 찾을 수 있는 가장 적임자다."라고 했다.

샌드버그가 합류한 이후 페이스북은 괄목할 만한 성장을 하기 시작했다. 이른바 '소비자 참여형 광고engagement ads'를 개발해 페이스북에 대박을 안겨 준 것이다. 노출만 중시하던 기존 광고 방식에서 벗어나 동영상에 댓글을 달거나, 설문 조사에 참여하거나, 무료 샘플을 신청하도록 유도하는 등 '사용자가 얼마나 관여했는가'를 중심으로 한 새로운 방식을 도입했다. 이 방식은 도입 첫해에만 1억 달러에 가까운 수익을 페이스북에 안겨 주었다. 다소 내성적인 성격의 저커버그가 웹사이트와 시스템에 집중한 데 비해 샌드버그는 비즈니스 구축과 확장, 대외 관계, 정책 분야를 담당하는 이상적인 '역할 분담'을 통해 오늘날과 같은 페이스북의 대성공을 일구었다.

셰릴 샌드버그는 시너지 효과를 내는 사람이다. 자신이 품은 하나의 가치를 더 큰 이익을 가져오는 효과로 사용하고 전체적 발전에 기여하는 에너지를 창출해 냈다. 냉정하게 자신이 가진 열정을 쏟아부을 적재적소를 찾아냈고 도전을 망설이지 않았다. 자기 판단을 확신하고 가능성을 믿는 것. 그것이 그녀의 리셋 원칙이었다.

이제 여러분도 자신을 위한 성장의 발판을 찾아내 발을 디뎠다면, 한껏 뛰어야 한다. 높이 그리고 멀리!

*

꿈을 향한
히어로 모드 켜기

- 서늘한 기운에 눈을 번쩍 떴다. 염라대왕 앞이다. 그가 묻는다 "열심히 살았느냐?" 우리는 대답과 함께 열심히 산 것을 증명해야 한다. 죽음과 환생이 나의 말에 달려 있다. 어떤가?

- 세상에 태어난 사람은 너나 할 것 없이 열심히 산다. 아니 열심히 사는 것 같다. 자신의 위치와 환경에서 능력과 노력으로 더 나은 삶을 꿈꾸며 매진한다. 목표를 세우고 인생에서 이루려는 포부를 담는다. 목표 자체가 사는 에너지이자 동력이 된다.

- 하지만 목표를 이뤄내는 사람은 드물다. 실천력 부족으로, 추진력 부족으로 조금 해보고 안 되니 포기한다. 목표는 달성하려고 세운다. 단계를 밟으며 체계적으로 관리해서 자신이 세운 목표를 향해 나아가야 한다.

가까이 있는 표적보다
멀리 있는 목표점을 보자

'오디세이 시기時期'라는 개념은『오디세이』에서 오디세우스의 10년간의 귀향 모험담에서 유래한 것이다. 이는 사춘기에서 성인기로 진입하기 전 약 10여 년 정도를 말한다. 끊임없이 탐색하며 도전과 좌절을 반복하는 시기이다. 더 넓게는 자신의 가치와 목표를 찾는 과도기를 일컫는다. 누군가는 '끝없는 사춘기endless adolescence'라 칭하기도 하고, 또 다른 누군가는 '서서히 부상하는 성인기emerging adulthood'라 명명하기도 한다.

오디세이기에 있는 사람들은 그 이름에 걸맞게 다른 세대와 확연히 구별되는 가치관을 보인다. 실제로 "3년 이내에 직업이나 직장을 바꿀 의향이 있느냐?"라는 질문에 20대는 기업 규모나 직종을 불문하고 3명 중 1명이 그럴 의향이 있다고 대답했다. 이직을 원하는 이유는 적성에 맞지 않는다는 대답이 압도적 1위를 차지한다. 그들은 자신이 원하는 일보다 부모나 주위의 강권에 그 직업을 갖게 되었다고 토로했다. 결국 스스로 결정하지 않은 선택은 만족도를 크게 낮추고 성취감마저 느끼기 어렵게 만든다. 일에 대한 흥미는커녕, 노력할수록 에너지가 소모되는 듯한 허탈감을 안겨줄 뿐이다.

생각해 보면 우리가 성장하는 과정에서 '꿈이 뭐냐, 뭐가 되고 싶냐'는 질문을 지겹도록 받는다. 하지만 꿈이란 게 무엇인지, 길을 안내해 주고 조언해 주는 어른은 없었다. 어린 시절에는 자신이 좋아하는 일을 꿈이라 했고, 중고등학교 시절에는 성적을 바탕으로 꿈을 정한다. 돌이켜보면, 꿈을 이루는 길은 결국 시험에서 한 문제라도 더 맞히는 데 달려 있었다. 좋은 스펙을 쌓는 것이 가장 큰 과제였고, 대학 입학이 최우선 목표였다. 사회에 적응하기 위해서라면 어떻게든 그 기준을 충족시켜야만 겨우 고개를 들고 다닐 수 있다고 믿었기 때문이다.

주변에서 받는 질문도 대부분 이와 관련돼 있다. '어느 대학교 갈 거니, 무슨 과에 지원할 거니, 몇 등급이니?' 같은 질문이 쏟아

AI 시대, 불안한 오늘을 살아가는 너에게

진다. '넌 뭐 할 때가 가장 행복하니?'라든가 '네가 이름을 걸고 도전해 보고 싶은 것은 무엇이니?'란 질문을 받아본 적은 별로 없다. 꿈이든 목표든 이루고자 하는 것은 멀리서 반짝이는 별이었고 잡을 수 없는 무지개였다. 진정으로 하고 싶은 것이 있어도 비켜 갈 수 없는 현실에 무릎을 꿇었다. 눈앞에 놓인 장벽 앞에서 자신의 목표를 감히 입 밖에 낼 수도 없었다. 타인과 사회가 정해놓은 기준에 맞추려 애쓰지만, 이리저리 부딪히며 점점 지쳐간다. 결국 스스로 '될성부른 나무'가 아니라고 단정 짓고, 가능성을 시험해 보기도 전에 포기해 버린다.

그러나 단언컨대, 우리가 세상에 자신을 증명하는 방법은 목표를 이루어내는 '과정'에 있다. 어떤 결과가 나오든 우리는 그 결과를 즐기면 된다.

한 사람의 인생을 바꾼 면접관의 질문

　일단 목표를 정해 보자. '목표'라는 말이 너무 거창하게 들린다면 '계획'이라고 해도 좋다. 너무 목적 지향이라고 느껴진다면 '꿈' 또는 '소망'이라고 해도 무방하다. 소소한 일부터 인생 전반에 걸친 목표까지, 단기간에 이룰 수 있는 것부터 평생을 바쳐 완수해야 하는 것까지. 어떤 것이든 개개인의 포부와 삶의 가치를 담고 있다면 충분히 가능하다. 목표가 하나가 아니라 여러 개일 수도 있다. 단계마다 새로운 목표가 나타날 수도 있다. 이에 당황하지 않고 맞서려면 멀리 보고 깊이 생각하는 지혜가 필요하다.

　미국 펜실베이니아대학교에서 법학을 가르치는 리처드 셸G. Richard Shell 박사는 대학을 졸업했지만, 자신이 어떤 사람인지 확신하지 못해 깊은 고민에 빠졌다. 사회복지사로 일하며 방향을 찾아보려 했지만 여전히 갈피를 잡지 못했다. 그 후 시간제 페인트 작업부로 일하던 그는 부동산 회사에 면접을 봤다.

"향후 5년의 계획을 말해 보세요."

　면접관의 이 질문은 그의 삶을 바꾸어 놓았다. 그에게는 5년은 고사하고 5일 계획도 없었으니 그가 받은 충격은 짐작이 간다. 현실에 대한 불만만 쏟아낼 줄 알았지, 한 번도 자신을 바꿔야겠다는 생각, 어떻게 살아야겠다는 구체적인 설계가 없음을 깨달았다.

그는 자신의 깊은 신념에서 우러나온 목적의식이 삶을 어떻게 변화시키는지 증명하기로 결심했다. 교수라는 꿈을 향해 구체적인 목표를 세우고, 롤모델을 찾으며 한 걸음씩 나아갔다. 법학대학원을 졸업한 뒤 연방 항소법원의 서기와 변호사로 6년을 더 경험을 쌓으며 마침내 37세에 교수의 자리까지 도달했다.

현재 그는 존경받는 법학 교수이자, 인생학을 강의하는 교수, 그리고 베스트셀러 저자이다. 그는 "페인트 공이었을 당시 누구도 내가 법학대학원을 수석으로 졸업하고 교수가 될 거라고 예상하지 못했을 뿐만 아니라, 그때 내가 그런 목표를 이야기했다면 틀림없이 미친놈 소리를 들었을 거예요."라고 말했다. 그는 또한 '누구든지 자기 삶을 놀랍게 전환할 힘이 있다'고 주장한다. 내면의 목소리에 귀 기울이면, 진정으로 해야 할 일이 무엇인지 알게 될 것이라는 것이다.

이제, 여러분도 시간을 가지고 자신을 되돌아보자. 자신을 깊이 들여다보고, 진정으로 내면에서 울려 퍼지는 소리를 듣고, 추구하는 가치를 찾아보자.

자신을 발견한 뒤 목표를 정해도 늦지 않다. 그리고 차근차근 운동선수들이 훈련일지를 쓰듯이 자신의 목표를 향한 도전일지를 써 보자. 맨 앞장에는 자신의 목표와 각오 등을 일목요연하게 드러내는 것이 좋다.

- 목적
- 목표
- 목표를 설정한 이유
- 출발일
- 도착 예정일
- 동기부여
- 목표에 관한 정보

목표를 설정할 때는 최종 목표를 먼저 세우고, 그 목표를 이루기 위한 작은 목표들을 차근차근 설정하는 것이 좋다. 먼저 정보를 취합해야 한다. 자격증은 어떻게 취득하며, 희망 직군에는 어떤 분야가 있고, 또한 그 분야에서 요구되는 자격이나 소질, 재능은 무엇인지, 연구하고 분석한 뒤, 자신에게 대입해 봐야 한다. 그 과정에서 스스로에게 맞는 길을 찾고, 이후에는 자신이 목표로 삼아야 할 대학과 전공을 구체적으로 설정하면 된다.

AI 시대, 불안한 오늘을 살아가는 너에게

물론 목표는 언제든 바뀔 수 있다. 목표를 정하고 이루어가는 과정에서 더 원대한 목표가 생기기도 하고, 다른 방향의 전혀 다른 길이 보이기도 한다. 그때마다 목표를 바꿀 수 있다. 하지만 쉽지 않다. 돌아온 만큼 시간이 더 걸리기도 한다. 그러므로 신중하게 자신을 점검하고 목표를 정하자.

나의 목표는 무엇인가

우리가 목표를 정할 때, 무엇을 먼저 고려하는지 돌이켜보자. 요즘 대세인 업종이나 언론에서 유망하다는 직군, 특별한 재능이 없으니 누구나 할 수 있는 일이 좋겠다는 심산, 남들 하니까 '이거나 해볼까' 하는 생각으로 접근하면 안 된다. 특히 돈을 많이 번다는 일에는 누구나 관심을 가지게 된다. 고수익을 올리는 유튜버가 방송에 출연하면, 너도나도 유튜버에 도전하는 것을 보면 알 수 있다. 도전 자체는 나쁘지 않다. 다만, 자신이 어떤 영역을 담당할 것인가, 구독자들의 요구사항은 무엇인가, 비슷한 콘텐츠들의 장단점은 무엇인가를 사전에 조사해야 한다. 주먹구구식으로 시도한다면 실패는 불 보듯 뻔해진다. 또한 디지털 시대에서 성공하려면, 기술적 이해와 창의적인 접근이 결합된 전략적 계획이 필수적이다.

하지만 안타깝게도 어떤 사람들은 명확한 목표 없이 단지 주변의 흐름에 떠밀리듯 목표를 설정하기도 한다. 자신을 잘 알지 못하며 알려고도 하지 않고, 자신이 진정으로 원하는 것을 깊이 생각하지 않기 때문이다. 다시 강조하지만 목표를 정할 때는 자신이 주체적으로 하고 싶은 일에 대해 정보를 수집하고 자신의 도전 의지, 능력, 열정과 끈기를 타진해 보고 결정해야 한다.

또한 철저한 자기 분석에서 출발해야 한다. 이것이 후회 없이 끝까지 매달릴 목표를 정하는 비결이다. 자기 분석이란 단순히 적성을 살펴보는 것을 넘어, 소질과 재능, 성격, 취향까지 깊이 파고드는 과정이다. 그렇게 자신을 면밀히 탐색하다 보면, 진정으로 하고 싶은 일이 무엇인지 선명하게 보이기 시작할 것이다.

하버드대학교 박사이자 미국 전 국무장관 헨리 키신저^{Henry} ^{Kissinger}는 이렇게 말했다.

"젊은 사람들은 하루아침에 성공하길 바라지만, 진정으로 하루아침에 성공한 사람은 거의 없습니다. 만일 우리에게 이런 재주가 있다 하더라도 반드시 삶의 시련을 겪게 될 것입니다."

목표를 세우고 출발선에 섰다면, 이제 달리는 과정에서 나타

AI 시대, 불안한 오늘을 살아가는 너에게

날 수 있는 장애물이나 달리기를 방해하는 맞바람에 맞설 각오를 하자. 끈기 있게 달리자. 이를 위해 내면에 있는 내적 동기를 찾고 외부에서 자극이 되는 외적 동기로 자신을 담금질해야 한다.

'시작이 반'이라는 말은, 시련이 닥쳐도 포기하지 않고 끝까지 달린다는 전제가 깔려 있다. 흔들리지 않고 피는 꽃은 없다는 말처럼, 평탄한 길이 보장되지 않는다. 목표를 향해 나아가는 길에서 좌절이나 걸림돌에 부딪힐 수도 있다는 사실을 염두에 두어야 한다. 중요한 것은 그 어려움을 만났을 때, 포기하지 않고 다시 일어설 수 있는 의지와 힘이다.

세상은 넘어진 자를 더 비난할지도 모른다. 매정한 세상이라 불평하고 원망해도 소용없다. 모두가 각자의 길을 가고 있을 뿐이다. 함께 달리는 사람들을 지나치게 견제하거나 경쟁자로 여길 필요는 없다. 그들은 오히려 여러분이 중간에 포기하지 않도록 돕는 조력자들이다.

자기 목표를 향한 여정은 오롯이 자기 몫이다. 단단히 각오하고, 집중하라. 신은 스파이크로 땅을 박고 자세를 낮추어라. 이제 출발이다!

나를 바꾸는 한 걸음

1 멘토의 발자취를 점검해 보자.

2 장애물을 체크해 보자.

3 내 주변인들의 목표를 추적하라.

4 와신상담臥薪嘗膽. 실패한 경험을 떠올리고 냉정하게 판단해서 원인을 적어라.

5 목표를 향한 과정을 되도록 자세히 기록하라.

6 목표를 이루었을 때 주어지는 보상이 무엇일지 상상해 보라.

AI 시대, 불안한 오늘을 살아가는 너에게

뛰는 것보다 꾸준히 걷는 게 멀리 간다

'오르지 못할 나무는 쳐다보지도 말라'는 속담이 있다. 이 속담은 처음부터 불가능을 전제로 도전조차 하지 말라는 경고를 담고 있다. 하지만 시작도 하기 전에 한계를 정해 버리는 것은 결코 바람직한 일이 아니다. 이는 개인의 성장 가능성을 미리 단정 짓고, 인간의 실행력과 의지, 지혜, 그리고 집념을 깡그리 무시하는 사고방식이다. 과연 우리가 스스로 한계를 정하며 살아야 할까?

여러분 앞에 오르지 못할 나무가 있다면 어떻게 하겠는가. 행동력이 있다면 구체적인 방법을 떠올리게 된다. 포기하지만 않는다면 오르지 못할 나무는 없다.

LA에서 행동력을 강의하는 한 교수는 우리가 목표를 세웠지만 실패하는 이유는 단 하나, '행동'하지 않았기 때문이라고 했다. 미리 오르지 못할 것이라고 전제하면 실행으로 옮겨질 가능성은 희박하다. '나는 안 돼.', '해봤자 되겠어?', '시간 낭비할 뿐이지.'라는 생각이 자기 머리와 가슴을 지배하는데 손가락 하나인들 꿈쩍해 보겠는가. 잘 알겠지만 자포자기한 사람에게 풍선에 바람 넣듯 자신감을 넣어줄 수도 없다.

그러나 자신이 감당하기 어려운 목표를 세웠다면 스스로 돌다리를 놓아 보자. 목표가 127층 높이에 있어 목을 젖혀도 꼭대기가 보이지 않는다면, 우리는 돌멩이부터 날라야 한다. 디디고 올라갈 그 무엇을 발아래 놓는 것이 먼저다.

하지만 우리는 대부분 돌멩이를 나르기 전에 미루거나 핑계를 댄다. '내일 해도 돼, 아직 힘이 부족해, 돌멩이를 어디서 구하란 말이야, 너무 멀리 있어, 돌멩이 하나 놓는다고 뭐가 달라지겠어?' 등. 지금 당장 해야 할 일을 미룰 이유를 찾고, 구차한 변명으로 자신을 정당화하려 한다. 그 말들은 논리적이고 그럴듯하게 들리지만, 중요한 것은 돌멩이를 옮길 의지가 없다는 것이다. 그래서 목표를 세우는 사람은 많지만, 그 목표를 이뤄낸 사람은 적다.

뭔가 목표를 세웠다면 발가락이라도 움직여라

성공을 이룬 사람은 특별해서가 아니다. 모든 조건이 완벽하게 갖춰졌기 때문에 성공한 것도 아니다. 오히려 그들은 많은 경우 다른 사람들보다 경제적으로 더 열악했고, 몸도 더 허약했을 수 있다. 장애물을 더 많이 만났고 더욱 강한 바람에 맞서야 했을지도 모른다. 그럼에도 불구하고 그들은 목표를 이루기 위해 자신이 밟아야 할 단계를 알았다. 척박한 환경에서도 돌멩이를 나르며 디딤돌을 놓아야 앞으로 나아갈 수 있다는 것을. 돌멩이 하나를 나른 것으로 해결되지 않는다는 것을 알고 있었기에 같은 일을 반복했을 뿐 아니라 나무로 지지대를 만들었다. 밟고 올라선 단계가 일순간 자신의 작은 실수로 무너지지 않도록 점검하는 것도 잊지 않았다. 시행착오를 줄이기 위해 기록하고, 더 빨리 더 높이 올라갈 방법을 찾기 위해 고심하고 노력했다. 바로 이 '실천력'이 실패한 사람들과 다른 점이다.

❀ 목표를 이루기 위한 질문

· 내가 목표를 이루기 위해 밟아 나가야 할 단계에는 어떤 것들이 있나?

· 내가 가지고 있는 정보는 무엇인가?

· 조력자는 누구인가?

· 목표를 이루기 위해 내가 가장 발휘해야 할 능력은?

· 목표를 이루려고 할 때 내게 가장 부족한 능력은?

✖ 단계별 계획 세우기

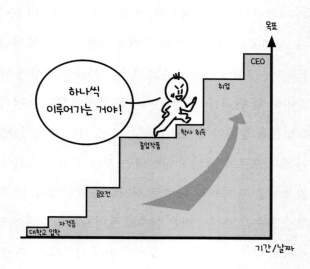

계단식으로 단계별 계획을 세우면 최종 목표를 한눈에 확인할 수 있다. 이 방법은 대입, 자격증 시험, 운동 승급 등 다양한 목표에 모두 유용하다. 각 목표를 이루기 위한 기준을 하나씩 설정해야 한다. 예를 들어, 해외여행을 목표로 삼을 때도 마찬가지로, 계획 단계에서 목표를 하나씩 이뤄가며 더 큰 목표를 향해 나아

AI 시대, 불안한 오늘을 살아가는 너에게

가야 한다. 이 과정을 건너뛰지 말고 반드시 작성해 보자. 그렇게 하면 자신이 펼쳐 나갈 큰 그림을 명확하게 볼 수 있다.

단계마다 어려움이 있을 수 있고, 한두 번이 아닌 여러 번 실패할 수도 있다. 모든 계획은 성공을 위한 것이지만, 현실에서는 예상보다 기간이 길어지거나 자신의 의도와 다르게 흘러갈 수 있다. 예를 들어, 이번에 꼭 붙어야 할 자격증 시험에서 떨어졌다면, 그때마다 고민하게 된다. 계속 전진할 것인가, 아니면 다시 자격증 준비로 돌아갈 것인가. 이때 중요한 것은 동력을 잃지 않고 앞으로 나아가며, 다음 계획을 세워 준비하는 것이다. 준비가 부족했다면, 그만큼 더 바쁘고 치열하게 노력해야 한다. 만약 자만이나 나태함이 원인이라면, 그에 대한 반성으로 마음을 다잡아야 한다. 다만, 실수나 잘못에 너무 괴로워할 필요는 없다. 그것을 인정하고 받아들인다면, 다음 단계에서 비슷한 실패를 피할 수 있을 것이다. 한 단계의 실패는 지금보다 더 큰 용기와 도전 의식을 불러온다. 오히려 전화위복轉禍爲福이 될 수 있다는 뜻이다.

합리적인 목표는 일의 방향을 제시하고 행동을 촉진하는 역할을 한다. 하지만 실행하다 보면 목표를 달성하는 과정이 얼마나 복잡한지 깨닫게 된다. 그래서 세분화하고 단계별로 나눈 실행 계획이 필요하다. 계획을 세우는 일은 일의 순서를 알게 되고 적합하게 준비해 나가며 확인할 수 있게 도와준다. 또한 한 계단을 오를 때마다 성취감을 얻으며 최종 목표에 대한 가능성을 체감할 수 있게 돕는다.

아무리 원대한 목표를 품은 사람이라도 날아서 목표에 도달할 수는 없다. 자신의 잠재력을 자극한다고 해도, 도술을 익히고 축지법을 쓴다고 해도 한순간에 인생의 목표를 쟁취할 수는 없다. 설령 그렇게 목표에 도달했다고 해도, 그 기반이 약하면 온전한 성공이라 할 수 없다. 언제든 무너질 수 있고, 한 번 무너지면 다시 일어서는 것이 어려워진다. 경험을 쌓지 않았기에 다른 일로 전환하기도 힘들고, 더 높은 곳으로 나아갈 방법을 몰라 그 성공은 결국 한계에 부딪힐 수밖에 없다.

목표가 확실하고 견고하다면 어떤 시련이 닥쳐도 이를 이겨낼 단단한 마음으로 무장하자. 그리고 자신이 처한 현재 상황에서 과연 무엇을 해야 하는지 결정하자. 하고 싶은 일이나 원하는 대상에 대해 언제나 생각해야 한다. 그래야만 좋은 아이디어가 떠오르고 목표를 향해 가는 길에 느슨해지지 않을 수 있다. 그리고 조금씩이라도 앞으로 나아가야 한다. 그럴 때 자신이 지향하는 목표가 자기 삶을 역동적으로 변화시키는 과정을 오롯이 즐길 수 있다.

나를 바꾸는 한 걸음

1 무엇 때문에 목표를 세우는가?

2 누구를 위한 목표인가?

3 나의 목표가 세상에 어떤 이로움을 가져오는가?

4 다른 사람들의 실패담을 들여다보자.

5 한 단계의 목표를 더욱 잘게 세분화해 보자.

6 목표에 도전하는 각오를 적어보자.

완벽해지려 할수록 틀어지는 법이다

완벽주의perfectionism를 지식백과에서 찾아보면 '모든 것을 완벽하게 함으로써 자신에게 돌아올지도 모르는 비난이나 비평을 면하려는 심리적 방어기제防禦機制'로 나온다. 아무리 자부심이 강하고 자신감이 넘치는 사람도 내면 깊이 열등감이 한 조각씩은 가지고 있는데 그것을 감추기 위해 더욱 완벽해지려 한다.

그러나 정신건강 전문가들은 완벽을 추구하는 성향을 지양하는 것이 바람직하다고 조언한다. 자신의 부족함을 인정하고, 있는 그대로 받아들일 줄 아는 사람이야말로 마음이 건강하다는 것이다.

완벽주의자들은 스스로를 완벽하다고 여기기 때문에 후배나 경험이 부족한 사람, 혹은 자신의 말에 따르는 사람들에게 "실수도 실력이다."라는 말을 거리낌 없이 내뱉곤 한다. 이는 혹시라도 일이 잘못될까 걱정하는 노파심에서 비롯되기도 하지만, 실수를 만회하는 데 드는 시간과 에너지를 절약하려는 의도가 더 크다. 그러나 정작 상대방이 받을 상처에 대해서는 깊이 고려하지 않는다. 마치 모두가 자신과 같은 기준을 따라야 한다는 듯이 행동하는 것이다.

또한 일부 완벽주의자는 완벽하게 해내지 못할까 봐 아예 시도조차 하지 않는 경향이 있다. 충분히 훌륭한 수준에 도달했음에도 불구하고, '완벽하지 않다'는 이유로 스스로를 깎아내리고 평가절하한다. 뛰어난 역량을 지니고 있으면서도 끝없는 불만족에 시달리니 삶의 행복은 점점 멀어질 수밖에 없다.

그들은 오늘의 피곤함을 내일의 영광으로 바꾸려 하지만, 막상 그 영광이 찾아온 순간에도 또 다른 내일을 꿈꾸느라 제대로 누리지 못한다. 완벽을 좇느라 현재를 놓치는 이 아이러니 속에서, 진정한 만족과 성취는 점점 희미해진다.

목표를 달성하는 과정에서 완벽주의 성향을 가진 사람들은 왜곡된 사고와 비합리적인 행동을 보이며, 자기 파괴적인 욕구에 사로잡혀 경쟁에 집착하기 쉽다. 이들은 생산성과 실적을 기준으로 모든 것을 평가하며, 그로 인해 인간관계에서 갈등을 일으키곤 한다. 성과를 인정하고 만족하기보다, 작은 실수나 사소한 실패에도 가혹한 질책과 비판을 서슴지 않는다. 이러한 태도는 결국 정신 건강에도 부정적인 영향을 미친다. 완벽주의 성향이 강할수록 심리적 갈등, 불안, 우울감 등 정신적 고통을 더욱 크게 경험하게 된다. 스스로 완벽할 수 없다는 사실을 받아들이지 못한 채, 끝없는 자기 비난 속에 빠져버리는 것이다.

이철우 심리학 박사가 운영하는 사이트 유멘시아에서 제시하는 '당신은 완벽주의자인가?'라는 질문은 다음과 같다.

나는 완벽주의자인가?

- 목표가 높을수록 추구하는 보람이 있다.
- 완벽하게 하지 않으면 안심할 수 없다.
- 실수하면 자신이 비참해진다.
- 높은 목표를 설정하는 것이 중요하다.
- 실수를 저지르면 자신을 책망하고 싶어진다.
- 모든 일은 '완벽하게 하는 것'에 의미가 있다.
- 이렇게 실수하다니 어처구니가 없다.
- 무엇에서든 최고 수준의 사람이 되고 싶다.

- 모든 일을 완전하지 못한 상태에 두는 것을 견디지 못한다.

- 이런 일조차 잘할 수 없다면 인간이 아니다.

- 목표는 높을수록 좋다.

- 무슨 일에서든 완벽하지 않으면 참을 수 없다.

- 실패하면 나의 가치는 떨어질 것이다.

- 무엇이든 내가 이루려고 하는 기준이 높을수록 자신에게 도움이 될 것이다.

- 완벽하지 않으면 만족스럽지 않다.

완벽주의에서 벗어나는 방법

이제부터는 완벽해야 한다는 강박을 내려놓자. 누구도 완벽할 수 없다. 완벽해지려 할수록 성취감은 매몰된다. 목표한 것을 완전하게 이루어내기 전까지 불안과 초조함에 시달린다. 더불어 작은 실수에도 완벽하지 못했다는 자괴감으로 자신을 괴롭힌다.

완벽함보다 중요한 것은 최선을 다하는 삶이다. 최선을 다한다는 것은 노력뿐만 아니라 그 과정에서 느끼는 뿌듯함까지 포함한다. 욕심을 부리기보다, 자신의 신념을 지키며 몰입할 때 더 의미 있는 성과를 낼 수 있다. 목표를 세웠다면 타인과 비교하지 말자. 중요한 것은 자신의 한계를 극복하며 꾸준히 나아가는 것이다.

실수를 인정하는 것도 완벽주의에서 빠져나오는 길이다. 실수란 의도적이지 않은 일로 누구나 언제든 범할 수 있다. 실수를 인정하는 데는 용기가 필요하다. 실수를 통해 옳고 그름을 배워 개선점을 찾을 수 있으니 그것만으로도 배움이 된다. 다만, 반복된 습관에서 나온 실수인지, 주의를 기울이지 않아서 생긴 것인지, 계획이 잘못된 것인지, 경험이 부족해서인지 판단하여 목표를 향한 도전에 활용하면 효율성을 높일 수 있다.

세상에 절대적인 것은 없다. AI 시대와 디지털 혁명이 가속화되는 오늘날, 목표 또한 유동적일 수밖에 없다. 우리는 목표를 정하면 마치 만점짜리 과녁처럼 그것에만 집중하지만, 기술과 사회는 끊임없이 변한다. 오늘의 기준으로 설정한 목표가 내일은 더 이상 유효하지 않을 수도 있다. 특히 장기적인 목표라면 빠르게 발전하는 AI 기술, 데이터 경제, 디지털 트렌드의 변화에 맞춰 유연하게 조정해야 한다.

미래를 정확하게 예측하는 것은 불가능하다. AI가 인간의 일자리를 재편하고, 디지털 전환이 비즈니스 모델을 변화시키는 시대에는 더욱 그렇다. 따라서 자신의 목표를 고정된 하나의 점이 아니라, 확장 가능한 네트워크처럼 유동적으로 설정해야 한다. 목표가 축소되거나 예상과 다른 방향으로 흐를 수도 있다. 하지만 이것이 실패를 의미하는 것은 아니다.

또한 완벽한 목표 달성을 기대하기보다는 변화 속에서 적응하고 성장하는 태도가 필요하다. 앞으로는 AI와 협력하며 새로운 기회를 모색하는 열린 사고방식이 중요하다. 목표를 정하고 최선을 다하되, 기대치를 70% 정도로 설정하자. 나머지 30%의 유연성이 여러분을 더 창의적이고 지속 가능한 성공으로 이끌어줄 것이다.

 ## 나를 바꾸는 한 걸음

1 내 머릿속에서 지워지지 않는 실수를 적어보자.

2 위의 질문에서 두세 번 반복되었던 실수를 체크해 보자.

3 반복되는 실수의 원인은 무엇인지 분석하자.

4 자신이 완벽을 추구하는 것에는 무엇이 있는가?

5 나에게 심리적 압박을 가하는 것은 무엇인가(예를 들어 시간, 부모, 경쟁자 등)?

6 심리적 압박의 원인을 적고 해결방안을 스스로 생각해 보자.

잘하려면 힘을 빼고, 채우려면 먼저 비우자

운동을 시작할 때 가장 먼저 듣는 말이 힘을 빼라는 소리다. 몸에 힘을 빼야 자유자재로 움직일 수 있어 운동의 기본기를 익힐수 있다. 몸이 경직되어 있으면 움직임이 부자연스럽다. 아직 운동을 받아들일 자세가 아니라는 뜻이다. 그렇지만 몸에 힘을 빼기가 쉽지는 않다.

글쓰기를 배울 때도 마찬가지다. 마음속에 담긴 생각과 감정을 모두 쏟아내야 비로소 진짜 글이 나온다고 한다. 마치 자신의 치부를 드러내듯, 내면에 있는 이야기를 숨김없이 풀어내야 한다. 그렇게 해야 비로소 새로운 시각이 열리고, 그 글을 더욱 깊이

AI 시대, 불안한 오늘을 살아가는 너에게

있게 다듬어 문학적으로 승화시킬 수 있다. 그런데 운동에서 힘을 빼는 것이 어렵듯, 글쓰기에서도 마음을 완전히 비우는 것은 쉽지 않다. 잘하고 싶은 욕심, 처음 시도하는 것에 대한 긴장감, 실패에 대한 두려움, 남들의 시선을 의식하는 마음이 뒤엉켜 더욱 힘이 들어간다. 그러다 보니 글이 쉽게 써지지 않는다. 결국 자신을 비운다는 것은 생각처럼 간단한 일이 아니다.

성과를 내려면 채워도 부족한데 비우라는 것은 무슨 의미일까? 그건 바로 자신을 인정하고 날마다 새롭게 거듭나기 위해 노력하라는 뜻이다. 아집이나 고정관념, 편견에 사로잡히면 새로운 신념을 받아들일 수 없다. 때로는 신선한 정보나 가치관이 기존의 사고방식에 막혀 다가오기도 전에 밀어내 버릴 수도 있다. 더 나아가, 자신이 이해하지 못한다는 이유로 다양한 정보를 무의미한 것으로 치부하거나 아예 배척해 버릴 위험도 있다.

그러나 분명한 것은 세상은 시시각각 변화하고 발전하며 어느 것은 퇴화하여 사라지기도 한다는 것이다. 그렇기에 언제나 자신을 비우고 그 자리에 새로운 것을 받아들이려는 자세가 필요하다. 변화를 수용하지 않는 순간, 우리는 도태될 수밖에 없다.

나를 비우는 두 가지 방법

먼저 '자신'을 인정하라. "너 자신을 알라." 이 말은 고대 그리스 델포이의 아폴로 신전 입구에 새겨져 있다. 그리스인들이 중요한 결정을 앞두고 신탁을 구하러 찾던 장소에 적힌 문구이기에 그 의미는 더욱 깊다.

고대인들은 신탁이 전하는 메시지를 올바르게 해석하려면 먼저 자신의 편견, 야심, 그리고 성격을 정확히 파악해야 한다고 믿었다. 이 세상에서 자신을 가장 잘 아는 사람은 결국 자기 자신이다. 스스로 얼마나 적극적인지, 어떤 부분에서 강점을 지니고 있으며, 무엇에 거부감을 느끼는지, 책임감은 어느 정도인지, 목표를 수행할 능력은 얼마나 되는지 분석할 수 있어야 한다. 그 이해를 바탕으로 자신의 목표와 이상을 설정하고, 인생의 방향을 굳건히 다져 나가야 한다.

우리 사회는 종종 겉으로 드러난 부분에만 치중해 평가하는 경향이 있다. 학교가 서열화되어 있고, 그에 따라 출신학교를 보고 사람을 평가하는 일이 흔하다. 그러면서도 특정 분야에 관심이 없다면 소극적이라고 단정 짓고, 주어진 일을 어떻게 처리할지 몰라 망설이면 책임감이 없거나 적극적이지 않다고 본다. 순간적으

AI 시대, 불안한 오늘을 살아가는 너에게

로 보이는 이미지나 행동으로 선입견을 가지게 되는 것이다.

우리는 아이러니하게도 이런 편협한 타인의 평가에 민감하게 반응한다. 마치 그것이 나에 대한 정확한 평가인 양 믿고, 타인의 인정을 갈구한다. 그럴수록 진정한 자신을 돌아보지 않고, 스스로의 진짜 모습에 대해 살펴보지 않는 것이다.

✖ 자신을 비우는 자기 분석법

· 지금 마음에서 들리는 이야기를 정리하라.

· 내가 도저히 참지 못하는 일은 무엇인가?

· 내가 도무지 봐줄 수 없는 사람은 어떤 부류인가?

· 현재 무엇에 불만을 느끼는가? 그 이유는?

· 나는 무엇으로 평가받고 싶은가?

· 내가 가장 매력적인 순간은 언제인가?

자신을 비우는 두 번째 방법은 '실패'를 인정하는 것이다. 어떤 일이든 자기 뜻대로 되지 않을 때가 많다. 이때 좌절하기보다는 실패를 시원하게 인정하고 그 속에서 배울 점을 찾아야 한다. 실패를 거울삼아 다음에 더 잘하려면 어떻게 해야 하는지 고민하자. 실패를 통해 배운다면, 자신의 소질을 향상시키는 데 집중할 수 있다. 이렇게 실패를 회복하는 능력을 키우는 것이 중요하다. 즉, 실패하더라도 그것을 배울 기회로 삼으면 자존감에 타격을 입지 않고 건설적으로 회복할 수 있다.

선배들의 성공과 실패담은 비워낸 마음에 들어오는 금과옥조와 같다. 우리는 처음 가는 길이지만 누군가 먼저 이 길을 걸어간 사람이 있다. 100% 일치하지 않더라도 업종이나 분야, 일의 성격 등 비슷하거나 관련해서 연결할 수 있는 인생 선배들이다. 그들을 일부러라도 찾아가 조언을 구해 보자. 그들은 이미 어려움을 이겨냈거나 겪고 있는 사람일 뿐 아니라 시행착오를 거쳐 현재는 자신이 정한 목표를 달성한 사람들이다. 그들은 현장에서 겪어야 하는 실질적인 도움을 줄 수 있다. 제공되는 정보는 그 어느 지침서보다 탁월하다. 더불어 형성된 유대감은 목표를 실행해 나갈 때 유용하게 쓰인다. 자존심을 내세워 조언을 구하지 않는다면 자신만 손해다. 그들은 베풀어줄 용의가 있는데 구하지 않으니 내주지 않는다.

언제든, 무슨 일이든 조언을 구하라. 조언을 구할 때는 자기를 낮추고 겸손하게 다가가야 한다. 오만한 자는 자신을 비우지 못한 자다. 그들은 어떠한 조언도 귀담아듣지 않는다. 스스로가 많은 정보를 알고 있고 지식이 넘친다고 생각하지 말자. 자신이 목표에 대해 모른다는 사실과 경험이 부족하다는 점을 인정하자.

언제나 새로운 정보와 고급 정보에 목말라야 한다. 끊임없이 쏟아지는 무궁무진한 정보를 공부하고 습득해 나가야 자기 목표가 선명해지고 확실해진다. 직접 찾아낸 정보를 학습하고, 나름대로 정리하여 기초 공사를 하듯 목표의 기반을 다져 나가자.

야구 경기에서 수비수들이 몸을 던져 공을 받아내는 장면을 보면 소름이 돋는다. 높이 뜬 공을 재빠르게 잡는 장면이나 슬라이딩하면서 볼을 잡아내는 장면보다 더 멋진 광경은 없다. 공이 어디에 떨어질지와 공의 속도, 방향, 몸을 날려 팔을 뻗었을 때 잡을 가능성, 공과 자신에게 붙은 가속도 등을 정확하게 타진한 결과로 얻어낸 캐치이다. 타자의 방망이에 공이 맞는 순간, 수비수는 몸에 길들여진 감각대로 움직인다.

우리의 반응도 야구선수와 같아야 한다. 자신이 정한 목표에 무조건 반사되도록 몸과 생각을 길들여야 한다. 행동해야 하는 타이밍을 만날 때 직감적으로 반응할 수 있도록 자신을 비우고 채우기를 반복해서 훈련하자. 공이 떨어지기 전에 목표지점을 향해 뛸 준비를 해야 한다. 날마다 새 기운으로 충만한 자신을 만들어라.

 나를 바꾸는 한 걸음

1 타인이 나를 위해 했던 조언을 적어보자.

2 만약 내가 죽는다면, 주위 사람들의 반응을 상상해 보자.

3 자신이 잘 살고 있다는 느낌이 드는 순간의 일을 설명해 보자.

4 자신을 움직이는 힘, 세 가지를 써라.

5 조언을 듣기 위해 만나고 싶은 사람을 쓰고 어디에 가야 만날 수 있는지 알아보라.

6 자신이 새롭게 거듭나기 위해 지금 당장 버려야 할 것들은 무엇인가?

보이지 않는 한계선에 갇히지 말자

물이 끓는 온도는 100도다. 99도까지는 물이 뜨거워지기만 할 뿐, 물의 성질은 변화하지 않는다. 마지막 1도가 더 올라야 물이 끓고, 그 성질이 완전히 변한다. 이때 액체는 기체로 변하며, 그 변화를 겪고 나면 이전 상태를 떠올릴 수 없을 정도로 탈바꿈한다. 고였던 물이나 흐르던 물이 상상도 하지 못할 일이다. 이제 그 물은 공중을 떠다닐 수도 있다.

임계점이란, 사전적으로 액체와 기체의 두 상태를 구분할 수 없는 상태에 이르는 온도와 증기 압력을 의미한다. 쉽게 말하면 액체가 기체로 변하는 바로 그 순간을 말한다. 99도에서 마지막

1도를 더 올리지 않으면 물은 절대로 끓지 않는다. 임계점에 도달할 때까지의 모든 노력은 결국 그 임계점을 넘어서야만 비로소 결과를 확인할 수 있다.

물을 끓이기로 결심한 사람은 인내심을 가지고 기다려야 한다. 죽어라 애쓰는 것 같지만, 물이 뜨거워지기만 할 뿐 상태는 그대로다. '조금 더 끓이면 되겠지' 하고 계속 불을 지핀다. 그러다 어느 순간 '이 정도면 됐겠지' 하고 성급하게 불을 꺼버린다. 그 결과는? 기대했던 변화를 찾아볼 수가 없다.

투덜거리지만 우리는 다시 도전한다. 불을 지피는 재료를 종이에서 나무로 바꾸고, 바람이 부는 방향에 바람막이도 설치한다. 이제 회심의 미소를 지으며 불을 지핀다. 활활 타오르는 불길을 보며 곧 피어오를 수증기를 상상한다. 어쩌면 콧노래를 부를지도 모른다. 머릿속은 더 난리다. 물이 끓으면 벌일 축제를 상상하고, 그것이 가져다주는 행복에 젖는다.

내가 가진 장작을 모두 태웠다. 몸도 지쳤다. 여기까지가 자신이 할 수 있는 최선이다. '이제껏 최선을 다했으니 후회는 없다'며 중얼거린다. 더는 할 수 없다고 소리를 내지른다. 주변 사람들마저 이 정도 했으면 틀림없이 물이 끓을 거라고 부추긴다. 하지만 물은 끓지 않는다. 화가 치민다. 남들은 너무나 쉽게 끓이는데 나

AI 시대, 불안한 오늘을 살아가는 너에게

는 왜 끓이지 못하는지, 세상이 왜 이렇게 불공평한지 원망도 쏟아낸다. 나는 안 되는 사람이라고 자포자기한다. 다음엔 어떻게 할 것인가. 고민에 빠진다.

'더 불을 태울 것인가, 말 것인가?'

안타깝게도 물 끓이기를 포기하고 말았다. 자신에게 소질이 없다고 느꼈고, 그동안 노력했음에도 물이 끓지 않자 그것이 자기 일이 아닌 것 같다고 판단했다. 뒤도 돌아보지 않고 떠나갔다. 하지만 아쉬움이 남아 떠난 아궁이에 어떤 다른 이가 나뭇가지를 하나 집어넣었을 때, 놀랍게도 물은 끓기 시작했다. 보글보글, 물이 마침내 끓어오르기 시작한 것이다!

이제까지 액체 상태로 있던 것들이 기화되어 날아갔다. 거기에 삭정이들 그러니까 통나무도 아니고 건실한 각목이나 장작도 아닌 툭툭 부러지는 몇 개의 잔가지들만 더했을 뿐인데도 물은 펄펄 끓었다. 그러나 떠난 이는 이 모습을 보지 못했다. 승리는 그의 몫이 아닌 게 되어 버렸다.

'물 끓이기가 어렵다'고 말하려는 게 아니다. 죽어도 포기하지 말라는 말도 아니다. 목표 앞에서 자기 한계에 봉착했을 때 먼저 두 손 두 발 들지 말라는 뜻이다.

한계에 관한 또 다른 사례를 살펴보자.

점프를 잘 뛰는 벼룩을 유리병에 넣어 실험했다. 벼룩은 병 안에서 뛰어오르며 뚜껑에 부딪혔다. 벼룩은 더 이상 뚜껑을 넘을 수 없다는 사실을 알게 되었다. 결국 벼룩은 뚜껑이 여전히 덮여 있다는 생각에 더 이상 높은 곳으로 뛰어오르지 않게 되었다. 한참 뒤 유리병의 뚜껑을 없앴지만, 벼룩은 여전히 뚜껑이 있던 높이만큼만 뛰어오를 뿐이었다. 이미 실패를 경험한 벼룩은 그 이상의 도전이 불가능하다고 믿게 된 것이다.

이 모습은 우리의 삶과도 닮아있다. 몇 번의 실패로 인해 자기 한계를 스스로 정해 버리고, 그 한계 내에서만 살아가는 경우가 많다. 우리는 두려움에 사로잡혀 더 이상 도전하지 않거나, 자신이 성공할 수 없다고 생각하게 된다. 이 두려움은 우리가 다시 일어설 기회를 놓치게 만들고, 실패를 더욱 확실하게 만든다. 도전할 수 있는 능력을 잃게 하고 판단력까지 떨어뜨리며, 결국 벼룩처럼 자신이 정한 한계에 갇히게 된다.

혹시 임계점에 있는 것은 아닐까

우리가 목표에 도전하다 보면 분명히 한계에 부딪히게 된다.

AI 시대, 불안한 오늘을 살아가는 너에게

계속해서 오르던 길이 갑자기 막히는 순간, 실패가 반복되며 성과가 눈에 띄지 않는 시간이 찾아온다. 그렇게 노력해도 원하는 대로 되지 않고, 마음을 다해 준비했음에도 오히려 뒤로 밀려가는 시기도 있다. 어디선가 누군가가 나에게 '포기해!'라고 주문을 거는 것처럼 마음먹은 대로 안 되는 상황에 직면한다. 아무리 불을 지펴도 도통 끓을 기미가 보이지 않는 물처럼.

조금만 버티고 벗어난다면 괜찮은데 임계점은 올라갈수록 시간이 길어진다는 데 문제가 있다. 98도까지는 금세 올릴 수 있지만 98도에서 99도, 99도에서 100도를 올리는 데는 시간과 노력이 그동안 해 왔던 것보다 두 배 혹은 세 배 더 요구된다. 시간과 열정, 에너지의 소비량이 절정을 이룬다. 그로 인해 임계 상황에서 포기하는 사람이 많고, 성공하는 사람이 적다. 결국 목표를 이룬

자와 목표 앞에 무릎 꿇는 자가 생겨난다.

포기와 노력 중 어느 쪽을 선택할 것인가. 어느 쪽을 선택하든 결과는 나의 몫이다. 포기에 앞서 꼭 되새겨야 할 점이 있다. 이 선택을 10년 후에도 후회하지 않을 자신이 있는가 하는 점이다.

✤ 나는 임계점에 놓여 있는가

· 아무리 노력해도 현실이 달라지지 않는다.

· 사는 게 너무 힘들다.

· 노력이 헛수고 같다.

· 아무도 나를 인정해 주지 않는다.

· 내가 너무 보잘것없어 보인다.

· 투자한 시간이 아깝다.

· 거듭되는 실패에 도전할 용기마저 고갈된다.

· 쉬운 일을 찾고 싶다.

· 내 고집 때문에 목표에 매달려 있는 것이다.

· 다른 일을 했다면 훨씬 성공했을 것이다.

위 상황에서 7개 이상의 체크가 있다면, 지금 보이지 않는 한계에 봉착해 있는 것이다. 그 한계는 유리판과 같아서 가시적으로 분간할 수 없다. 사회가 세워 놓은 것인지, 자기 스스로 세운 것인지 그 한계를 확인하는 것이 우선이다. 대부분 외부 원인으로 돌리지만, 좀 더 자세히 들여다보면 자신이 원인일 때가 많다.

게을러졌거나 느슨해졌을 수 있다. 하나에 집중하지 못하고 더 나은 것을 찾아 두리번거리는 것은 아닌지 자신에게 되물어보자. 더 불을 지피고 싶은 의지는 분명한데 상황이 그만두도록 몰아세울 수도 있다. 경쟁에 밀려 자신감을 잃고 사그라져가는 불을 넋 놓고 보고만 있는지도 모른다.

한계를 뛰어넘는 방법

"자신이 노력한 게 스스로를 감동시킬 정도가 되어야 그게 정말로 노력하는 것이다."

소설 『태백산맥』을 쓴 작가 조정래의 말이다. 자신을 감동시켜 보자. 한계에 부딪히거든 스스로 감동할 만큼 노력했는지 자기 성찰이 필요하다. 누구나 한계에 부딪히기 마련이다. 그 한계가 없다면 도전의 매력도, 성취감도 사라진다. 결국 자기 삶에서 진정한 자신을 발견하지 못하고 어설픈 인생을 살게 되는 것이다. 그렇다면 자기 인내와 노력이 한계에 다다랐다고 여겨질 때 무엇을 해야 할까.

1. 잠시 쉬어라

한계에 다다르면 자기 안에 있는 에너지가 바닥에 떨어진다. 그 상황을 피하려 애쓰지 말고, 자신이 역경에 처해 있음을 있는 그대로 받아들여라. 안정을 먼저 취하라. 다시 불을 피울 수 있도록 잠시 생각을 쉬어야 한다. 록 음악도 좋고 눈물을 쏟을 수 있는 발라드도 좋다. 오싹한 공포 영화에 심취해도 좋고, 달달한 로맨스 소설에 빠져도 좋다. 오롯이 휴식할 방법을 찾아보자.

2. 핑곗거리를 찾지 마라

한계에 이르면 포기할 자는 핑계를 찾고, 다시 도전할 자는 해결책을 모색한다. 해법을 찾는 과정에서 내면의 잠재력을 끌어낼 수 있다. 당장은 아니라도, 뒹굴면서 어떻게 해결해 볼까, 문제점의 원인은 무엇일까 생각하면 스치듯 방법이 번뜩인다. 그때 불쏘시개를 들면 된다. 핑계는 화력이 강한 불도 꺼트린다. 이렇게 말했는데도 핑계와 변명하고 싶거든 그 입을 다물어라.

3. 같은 실수의 반복을 스스로 용납하지 마라

처음 한 실수는 봐줄 수 있다. 자신도 그렇지만 주위에서도 그

AI 시대, 불안한 오늘을 살아가는 너에게

렇다. 누구든 처음부터 잘할 수는 없다고 이해심을 발휘한다. 그러나 반복되는 실수는 자기 한계의 벽을 더 두껍게 만든다. 실수의 요인을 파악하고 만반의 대처 방안을 찾아야 한다.

목표를 이루는 과정에서 만나는 한계나 역경은 자신을 강하게 만든다. 너무 쉽게 이루어지는 것은 시시하다. 한계는 자신을 시험하는 기회이며, 그것을 스스로 극복했을 때 뿌듯함은 신이 내린 선물이다. 성공담을 들려주는 사람의 당당함을 눈치챘다면 그 선물이 얼마나 크고 감격스러운지 알아채야 한다. 일반적으로 자신이 한계라고 느끼는 지점은 자기 목표의 임계점이다. 99도에서 100도로 넘어가는 찰나! 그때 삭정이 하나 보태줄 힘을 보여준다면 물은 끓는다.

 나를 바꾸는 한 걸음

1 이제껏 한 번도 해보지 않은 세 가지를 적어보자.

2 포기해서 후회하는 것이 있는가?

3 20년 후, 오늘의 나에게 해줄 말은?

4 자신이 믿는 신에게 기도문을 써 보자.

5 지금, 내가 기다리고 있는 것은 무엇인가?

6 자신이 들려주고 싶은 도전기를 녹음해 보자. (3분 이내)

시야는 넓게, 시선은 멀리 두자

초연결 사회다. 일상생활에 정보 기술이 깊숙이 들어오면서 모든 사물이 거미줄처럼 인간과 연결되어 있다. IT를 바탕으로 사람, 데이터, 사물이 서로 연결되어 갈수록 지능화된 네트워크를 구축한다. 시공간을 뛰어넘는 상호작용으로 다양한 객체와의 연결 범위가 확장되었다. 물론 사생활 보호와 새로운 윤리, 질서 규범 정립 같은 풀어야 할 숙제도 안고 있지만, 초속 14미터 이상의 강풍이 몰아치는 것보다 센 위력으로 우리 사회를 변화시키는 중이다.

그런데 우리는 어떠한가. 첨단기기를 사용하는 것 외의 사고

AI 시대, 불안한 오늘을 살아가는 너에게

와 관념은 아직도 10년, 20년 전에 머물러 있지는 않은가. 그동안 학습해 온 것들을 바탕으로 혹은 사회가 요구한 것을 기본 전제로 중요하다고 인식된 것들을 고집하고 있지는 않은가. 그것이 잘못되었다고 할 수는 없지만 낡고 시대에 뒤처지는 것은 확실하다.

시대 변화에 따라 우리의 지식 시스템은 달라져야 한다. 네트워크로 초연결되는 통신망처럼 지식, 세계관, 가치관도 넓어져야 한다. 우리가 살아가야 할 미래, 살아내야 할 미래는 초연결, 초융합, 초지능, 초현실, 초격차를 이야기하는데, 한 분야의 전문지식만으로 승부를 보겠다고 해서는 안 된다. 그것은 칼 하나 들고 전쟁터에 뛰어드는 장수와 같다. 아무리 전술을 잘 세운다 해도 승리할 수 없다. 시대가 변해서 싸움만 잘한다고 이길 수 있는 환경이 아니기 때문이다. 넓은 시야와 미래를 내다볼 줄 아는 능력이 오늘 우리가 가져야 할 무기다.

오~
보인다, 보여!

통섭이 필요한 이유

"위대한 일을 바라면 위대한 일이 일어난다."

메리케이 코스메틱 사의 창립자이자 CEO인 메리 케이 애시 Mary Kay Ash가 한 말이다. 작은 틀에서 벗어나 넓은 시야로 세상을 보면 위대한 경관을 볼 수 있다. 단, 여기에는 조건이 따른다. '아는 만큼 보인다'는 것이다. 아무리 보려 해도 모르면 안 보이고 안 들린다. 무엇이 중요한지 모르고, 기회가 오더라도 그것이 무엇을 의미하는지 모른다.

세상을 보는 지혜를 가지고 안목을 넓혀야 한다. 다방면에 호기심을 느끼고 넓은 시야로 접근하는 것이 좋다. 전문 인력이 되겠다고 다짐할수록 다양한 경험을 통해 얻을 수 있는 더 넓은 세계관을 지녀야 한다. 전공 분야, 목표한 분야만 파고들 것이 아니라 역사나 문학, 예술 쪽에도 관심을 두고 찾아서 공부해야 한다.

학문의 통섭이 주장된 지 오래되었지만, 실질적으로 우리 삶에 반영되지는 못했다. 치열한 경쟁 때문이다. '집중', '몰입'이 강조되다 보니 다른 영역으로 향한 관심은 시간 낭비라고 여기는 추세가 강해졌다. 그 결과 더 확장할 수 있는 자신의 범위를 편협

AI 시대, 불안한 오늘을 살아가는 너에게

하고 좁은 울타리에 가둔 꼴이 되고 말았다.

우리는 본능적으로 호기심을 가지고 태어났다. 이를 통해 자신의 관심사를 더욱 폭넓게 확장할 수 있다. 다양한 것에 관심을 쏟고 많은 것에 대해 알아보자. 특이한 것, 예상치 못한 것을 적극적으로 받아들이고 새로운 경험을 찾으며, 처음 보는 것에 빠져들고 우연히 발견한 놀라운 것에 기뻐하자. 예측 불가능한 미래에 대한 대비책이다. 직업적 성공이나 개인적 만족을 위해서도 폭넓은 삶이 실용적인 선택임은 분명하다.

직업과 분야의 빅뱅이 일어나 과학과 미술, 정치와 문학, 자연과학과 철학, 경제와 예술, 영화와 인문학이 서로 맞물려 돌아가며 뒤섞인다. 이 융합의 흐름 속에서만 창조적이고 독창적인, 그리고 세계적인 자신만의 관점이 나타난다. 이렇게 다른 분야들이 교차하며 혼합될 때, 자신이 속한 분야에서 남다른 차별성을 발휘할 수 있다. 시야가 넓어지기 때문에 문제 상황을 돌파하는 능력과 영향력이 자연스럽게 나타난다.

✖ 넓게 보기

· 요즘 자신 또는 사회의 화두는 무엇인가? 그것에 대한 나의 의견은?

· 오늘 본 글로벌 뉴스는 무엇인가?

정치 :

사회 :

문화 :

경제 :

· 요즘 읽고 있는 책에서 제시한 문제점(주제)은?

· 그에 대한 나의 의견은?

· 가장 최근 흥행에 성공한 영화를 비판해 보자.

· 위 영화에 대한 나의 비판을 내가 바꾼다면 어떻게 바꾸겠는가?

· 분야별 트렌드를 알아보자. (분야는 자신이 임의대로 정하면 된다.)

✖ 멀리 보기

· 화제가 된 사회적 사건의 시대적 배경을 바꿔 보자.

(과거, 미래 관계없음. 구체적으로 연도를 표시해 주면 좋음.)

· 10년, 15년, 10년 후 스마트폰은 디자인과 기능 면에서 어떻게 변화할

  까?

· 내가 했던 일 중에서 가장 큰 기회비용을 치른 선택은 무엇일까?

· 여러 미래학자의 책 다섯 권을 읽어 보자.

· 지금의 위기가 전화위복이 될 수 있다면 어떻게 가능한가? 방법을 적어

  보자.

폭넓은 경험이 나를 성숙하게 하고, 쌓인 지식이 시야의 폭을

AI 시대, 불안한 오늘을 살아가는 너에게

넓혀주며 사고의 깊이를 더해 준다. 바로 이 점이 시간을 쪼개 미술관에 가고 색다른 음악을 찾는 이유이다.

다양한 경험을 가진 사람은 복잡하고 모호한 문제에 대처하는 능력이 있다. 해결해야 할 이슈는 물론이고 자기계발 면에서도 마찬가지다. 절대 앞만 보고 달리는 경주마인 양 자신을 채찍질하지 마라. 앞으로는 한 우물만 파서는, 앞만 보고 달려서는 미래 사회에서 자신의 입지만 좁아질 뿐이다.

 나를 바꾸는 한 걸음

1 미래학자가 제시한 미래를 요약해 보자.

2 25년 후, 오늘 이 시간 내가 하는 일이 무엇인지 구체적으로 묘사해 보자.

3 미래를 위해 오늘 포기할 것들을 적어보자.

4 긍정적인 변화를 이끌 도구를 찾아보자. (예를 들어 책, 음악, 영화, 여행, 봉사 등.)

5 자기 관심 분야와 대척점에는 어떤 것들이 있는가? 그것이 사회에 끼치는 영향은?

6 무인도에 맨몸으로 떨어졌다. 10일 동안 살아남을 방법을 모색하라.

칼 세이건,
한계를 정하지 않고 뛰는 도전

자기 일의 범주를 정해 본 적이 있는가. 쉽게 말해 자기가 하는 일, 하고자 하는 일에 어떤 분야가 있고, 어떤 직군이 그 일에 종사하며, 활동 범위는 어디까지인지 알고 있는가? 『코스모스』의 저자로 유명한 칼 세이건 Carl Sagan 은 자기 삶의 지평을 넓히며 산 대표적인 인물이다.

칼 세이건은 뉴욕에서 태어났다. 우크라이나 출신 이민 노동자의 아들로 넉넉하지 않은 유년 시절을 보냈다. 어린 세이건은 우주의 거대함에 놀라 천문학자가 되겠다고 결심한다. 8, 9세 무렵에는 만화와 공상 과학에 빠져들었다. 고등학교를 졸업할 때쯤

세이건은 천문학자가 되고 싶다는 희망을 굳히고 윌슨산 천문대, 팔로마 천문대 등지의 천문학자들에게 편지를 보냈다. 하지만 가족들은 세이건의 진로를 탐탁지 않아 했다. 할아버지는 천문학자가 되었을 때의 경제적 어려움을 걱정했고, 아버지는 아들이 자신의 뒤를 이어 의류 사업을 하길 바랐으며, 어머니는 아들이 피아노에 재능이 있다고 생각했다. 고집을 꺾지 않은 세이건은 시카고대학교에서 천문학을 공부한 뒤 버클리대학교, 스탠퍼드대학교, 하버드대학교, 코넬대학교 등에서 강의했다. 1960년대부터 미국 항공우주국NASA에서 우주에 관한 연구를 시작하여 마리너, 바이킹, 보이저, 갈릴레오 우주선의 행성 탐사 계획에 실험 연구관으로 참여했다.

칼 세이건은 대중적 명성 못지않게 전공 분야에서도 많은 업적을 남겼다. 40년 넘게 활동하며 단독 혹은 공동으로 500여 편의 논문과 저술 등을 발표했는데, 대략 한 달에 한 편꼴로 압도적인 양이었다. 특히 금성의 온실효과, 화성의 계절 변화 등에 관한 연구 등은 가장 훌륭한 업적으로 꼽힌다. 그는 개인 연구보다는 NASA 등에서 팀의 일원으로 활동하면서 더욱 뛰어난 능력을 발휘했다. 관측보다는 이론을 선호하고, 한꺼번에 여러 아이디어를 제시하며 여러 사람과 공동으로 작업하는 스타일 덕분에 그는 누구보다 생산성이 높고 광범위한 영향력을 미칠 수 있었다.

냉전 말기에는 이른바 '핵겨울'의 위험을 경고했다. 다수의 핵무기가 폭발할 경우, 발생하는 연기와 먼지로 인해 햇빛이 차단되고, 그로 인해 추운 날씨가 지속되어 인간을 포함한 모든 생물에 치명적인 영향을 미친다는 주장이었다. 또한 미국이 천문학적 예산을 들여 추진하던 '스타워즈 계획'의 허구성도 폭로했다. 만약 핵전쟁이 일어날 경우, 가령 1만 기에 달하는 소련 핵무기의 90%를 막아내더라도, 나머지 1천 기가 미국 전체를 박살낼 수 있다는 지적이었다. 따라서 유일한 해결책은 양국의 핵무기 감축밖에 없다고 주장했다.

외계 생명체 탐사에도 매우 많은 관심을 기울였다. 생물학적·사회적 관점에서 심도 있게 접근하며 띄운 보이저 탐사선에는 인류 문명의 수백 가지 언어로 기록된 인사말과 지구의 위치, 인간의 모습 등을 담은 골든 레코드가 실려 있다. 또한 외계 지적 생명체를 찾는 SETI 프로그램을 주도하기도 했다.

칼 세이건은 미국에서 천문학자의 상징과도 같은 인물이다. 그의 대표작인 『코스모스』가 TV에 방영될 때, 그는 학자로서 지적이고 스마트한 모습으로 등장해 대중에게 큰 인기를 끌었다. 그가 SF 소설가라고 오해하는 사람도 종종 있는데, 이는 그가 쓴 유일한 소설『콘택트』가 영화로 제작되었기 때문이다. 그는 〈콘택트〉의 영화화를 애타게 기다렸으나, 촬영 기간에 사망하였다. 영화는 이듬해인 1997년 개봉했고 흥행에 크게 성공했다. 저서로는『창백한 푸른 점』,『에필로그』,『악령이 출몰하는 세상』,『에덴의 용』등이 유명하다.『악령이 출몰하는 세상』은 미신, 유사과학, 비과학적인 요소를 매우 싫어하는 회의론자 입장에서 쓴 책이다. 인간의 뇌를 다룬『에덴의 용』은 그 깊이 있는 통찰력으로 풀리처상을 받았다.

그는 자신의 호기심과 전문지식을 활용하여 할 수 있는 범위의 일들을 신명 나게 해냈다. 그가 아니었으면 천문학이 우리에게 이처럼 쉽게 다가올 수 있었을까? 논문, 저서, 소설, 영화, 기고, TV 출연 등, 자신이 할 수 있는 모든 영역에서 기꺼이 도전하며 그 영향력을 확장했다.

그러면 어떤 기회가 불현듯 다가와도 당황하지 않고, 자신감을 가지고 그 기회를 잡을 수 있게 될 것이다.

자하 하디드,
관습을 뛰어넘는 도전

우리의 사고를 억제하는 것들 중 하나가 바로 관습이다. 한 사회에서 오랜 시간 동안 굳어진 전통적 행동 양식이나 습관은 기존의 질서를 유지하려는 명목으로 변화의 시도를 가로막는다. 일상적인 관습은 물론, 전문 분야에서도 이러한 경향은 마찬가지다.

관습은 관념적 사고를 불러오고 고정된 사고의 틀 안에 갇히게 한다. 관념으로 고착된 것들을 비틀거나 뒤집는 시도를 해야 하는데 못마땅한 시선을 감당하기 어려워 시도했다가도 포기하기 일쑤다. 사회적 평가도 냉정하다. 거기서 무너지면 다시 관습, 관념, 통념으로 들어가 버리게 된다. 한 번의 일탈로 끝나지 않고 무모한 도전이 되지 않도록 하기 위해서는 그것들과 싸워야 한다. 건축가 자하 하디드^{Zaha Hadid}처럼.

자하 하디드는 이라크 바그다드에서 태어났다. 베이루트 아메리칸대학교에서 수학을 전공했다. 이후 런던에 있는 영국 건축협회 건축학교에 다녔다. 메트로폴리탄 건축사무소^{OMA}에서 일하며 아일랜드의 건축가 피터 라이스^{Peter Rice}의 조언을 얻었다. 1980년에는 런던에 독립 건축사무소를 차렸다.

그녀는 1920년대 러시아 아방가르드 건축가들의 영향을 받아 독창적이고 실험적인 디자인으로 이름을 알렸다. 그 결과 건축 이론가로서는 영향력을 가진 인물이었으나 지나치게 관습을 뛰어넘는다는 이유로 오랫동안 '건축물 없는 건축가'로 남아 있었다.

이쯤 되면 우리는 자신을 알아주지 않는 세상을 원망한다. 자신이 추구하던 방식을 포기하고 대중과 학계가 원하는 대로 자신을 맞출지도 모른다. 그러나 그녀는 의지를 굽히지 않았다. 오히려 더 강건하게 자기만의 건축 세계를 꿈꿨다. 그녀를 먼저 알아준 사람은 독일 가구공장의 회장 롤프 펠바움^{Rolf Fehlbaum}이었다. 그가 주문한 시설은 공장 안의 소방서 건물이었고, 이를 계기로 자하 하디드의 도면이 실제 건축물로 구현되는 기회를 얻게 되었다.

'돌로 된 번개'라는 별칭이 붙은 비트라 소방서^{Vitra Fire Station}는 날

카로운 모서리와 하늘로 치솟는 박공을 가진 미래주의 건축물로 커다란 주목을 받았다. 건축물은 하나의 긴 덩어리로 되어 있다. 그 위에 예리하게 각진 벽 날개가 달려 있다. 급격히 상승하다가 급강하하는 형태는 주변의 어떠한 건축물보다도 강한 인상을 준다. 누구도 소방서 건물이라고 짐작하지 못했다. 디자인만 봐서는 미술관으로 보일 만큼 감각적이다. 아니나 다를까. 당시 소방서로 사용되었던 건물이 현재는 비트라 미술관으로 변모해 사람들의 발길을 끌고 있다. 이 독특한 건축물은 그 자체로 예술적인 가치를 지니며, 많은 이가 이를 보기 위해 몰려들었다.

이후 자하 하디드는 런던을 주 무대로 활동하면서 전 세계에 자신의 비전을 도발적인 건물로 표현하였다. 그녀의 작업은 건축하면 떠오르는 전통적인 이미지를 완벽하게 뒤흔들었다. 초기 프로젝트의 딱딱한 모서리들이 유연한 형식으로 바뀌면서 벽들과 바닥, 천장들이 섞이고 확장되어 마치 물이 흐르는 듯한 유기적인 구조로 변모되었다. 최첨단 컴퓨터 프로그램과 이를 뒷받침하는 구조와 시공 기술이 조화를 이룬 결과로 그 특유의 파격적이면서도 부드럽게 부유하는 역동적인 공간 미학을 보여준다.

자하 하디드의 작품은 우리나라에서도 볼 수 있다. 2007년 한국의 동대문 디자인 플라자DDP 현상 설계에서 '환유의 풍경Metonymic

Landscape'이라는 주제로 당선되어 설계를 담당했다. 그곳에 가 본 사람들은 알겠지만 건축물 자체가 하나의 예술로 느껴진다.

그녀는 건축물의 고정관념을 넘어서 새로운 조형적 관점과 이미지를 만들어 냈다. 파격적인 디자인으로 기존에 존재하지 않던 독특한 건물을 창조했다. 수많은 상을 받은 그녀는 2004년, 프리츠커상을 받은 최초의 여성 건축가로도 유명하다. 그녀는 이렇게 말한다.

"우리는 360도로 된 세상에 살잖아요. 그런데 왜 한 각도로만 보나요?There are 360 degrees, so why stick to one?"

남들과 다르다는 것에 우리는 겁부터 낸다. '나만 틀리면 어떡하지?'란 불안감 때문이다. 관습에 반하는 튀는 사고를 부담스럽게 느낀다. 다른 사람들의 '이상하다', '다르다', '별나다'라는 의견에 곧바로 자기 의지를 꺾어버린다. 그러나 장담컨대, 남과 다르다는 것은 오히려 커다란 자신만의 매력이다. 이를 어떻게 발전시킬지 고민해 고군분투할 때 이를 더욱 도와주고 키워 줄 사람을 만나게 된다. 자하 하디드에게 롤프 펠바움 회장이 나타난 것처럼.

잊지 말자. 누구나 다 할 수 있는 능력보다 자신만 할 수 있는 그 '무엇'이 가치 있다.

나답게 리셋
다섯 번째

*

관계의 톱니바퀴, 완벽하게 맞추기

눈을 보고! 귀를 열고!

• 늘 조화로운 인간관계, 이상적인 관계 맺음을 꿈꾼다. 하지만 왠지 어긋나 있다. 어딘가 아귀가 잘 맞지 않아 삐걱거린다. 가끔은 이 세상에 혼자 존재했으면 좋겠다는 생각이 들 만큼 사람과 사람 사이의 관계로 인해 극심한 스트레스에 시달릴 때도 있다.

• 더불어 살아가는 사회구조 속에서 인간관계는 매우 중요하지만, 단순해 보이는 그것이 사실은 결코 쉽지 않다. 각자 사고하는 범위와 이해의 폭이 다르기에 갈등과 대립이 유발된다. 그뿐만이 아니다. 경쟁으로 인한 시기와 질투, 관계의 밀당, 관점의 차이에서 오는 오해 등 우리는 사람과 사람 사이에서, 관계와 관계 속에서 시달린다. 어떻게 하면 서로에게 동기부여, 선의의 경쟁 등 자기계발 효과를 가져오는 인간관계를 맺을 수 있을까?

듣기를 잘하면 잘 말할 수 있다

말 잘하는 사람을 보면 부럽다. 무기를 하나 더 가지고 있는 것처럼 대단한 위력이 느껴진다. 말로써 상대의 마음을 사로잡는 능력은 인생의 자산인 셈이다. 그들은 언제나 자기 행동의 정당성을 잘 설명하고, 동의를 얻어낸다. 마음과 상황을 전달하며 공감을 끌어낸다. 듣는 사람을 기분 좋게 만들어 상대의 지지까지 받는다.

나도 말을 잘하려고 애쓰다가 실패한 적이 한두 번이 아니다. 긴장하면 오히려 버벅거린다. 생각하지도 않았던 말이 불쑥 나와 뒷수습을 하려고 횡설수설한다. 어디 그뿐인가. 어느 때는 흥겨운 분위기에 휩쓸려 하지 말아야 할 소리, 해서는 안 되는 소리까지 내뱉고 집에 가서 한숨만 푹푹 내쉰다. 아, 시간을 돌려 그 부분만 삭제하고 싶은 얼토당토않은 생각이 들 때는 쥐구멍에라도 숨고 싶다.

말은 양날의 검이다. 유용하게 쓰면 자신에게 더없는 기쁨과 이득을 가져다주지만 그렇지 않을 경우, 돌이킬 수 없는 후회의 순간을 남긴다. 주워 담을 수도 없고 다시 회수할 수도 없어 실체 없는 '말'의 존재가 어마어마하게 두렵다. 옛날부터 말에 관한 속담과 명언이 넘쳐나는 이유도 바로 여기에 있지 않을까 싶다. 대부분의 속담이 말조심에 관한 내용인 반면, 말의 유용성을 강조하는 속담은 상대적으로 적다. 이는 사람들이 말 때문에, 또는 말에 의해 곤욕을 치른 경험이 많았기 때문이다.

"입은 화의 문이요, 혀는 몸을 베는 칼이다. 입을 닫고 혀를 깊이 간직하면 몸 편안히 간 곳마다 튼튼하다."

잘 듣는다는 건

말을 잘하기 이전에 선행되어야 할 훈련이 있다. '잘 듣기'다.

AI 시대, 불안한 오늘을 살아가는 너에게

듣기를 훈련이라고 표현한 것은 그만큼 어렵기 때문이다. 보통의 각오로는 상대의 말을 끝까지 들어주기 어렵다. 단순히 듣기만 해서는 안 된다. 말하는 핵심 내용, 그 안에 들어 있는 심리, 기분과 감정을 파악해야 한다. 이것이 바로 '경청'이다. 경청은 '기울여 듣는다'라는 한자어다. '상대의 말을 듣기만 하는 것이 아니라, 상대방이 전달하고자 하는 말의 내용과 그 내면에 깔린 동기나 정서에 귀를 기울여 듣는 방식이다. 이해된 바를 상대방에게 피드백해 주는 것까지 포함한다.

경청은 상호작용으로 이루어진다. '그가 전달하고자 하는 말'과 나의 '피드백'이 보이지 않는 고리로 연결되어 있다. 앞에서 내민 고리에 맞는 고리로 연결해야 하나로 이어진다. 엉뚱한 대꾸로 말의 고리를 내미는 것은 '너는 열심히 말했지만 나는 열심히 듣지 않는다'라는 방증이다. 이런 말 한마디에 그는 자신이 존중받지 못했다는 사실을 간파하고 경청해 주지 않은 상대에게 신뢰할 수 없는 사람이라는 꼬리표를 붙인다.

잘 듣지 않으면 상대가 무슨 말을 했는지 제대로 이해하기 어렵다. 상대의 질문이나 요구에 적절히 대응할 수 없고, 편협한 해석과 결정을 내리게 되어 오해만 쌓일 수 있다. 이처럼 경청하지 않으면 인간관계에서 유대감이 단절되는 치명적인 결과를 초래할 수 있다.

얼마 전 카페에 앉아 있는데, 옆 테이블에 세 명의 사람들이 모였다. 그들은 처음 2, 3분 동안 아주 반갑게 인사를 나눴다. 몇 년 만이냐는 인사말이 들리는 것으로 봐서 오랜만에 만난 사이 같았다. 이윽고 한 사람이 자신의 근황을 이야기하기 시작했는데, 처음엔 조용하던 목소리가 점점 커졌다. 그러다 옆 친구를 톡톡 건드리기도 했다. 하지만 나머지 두 친구는 각자 휴대전화를 들여다보며 그의 말을 건성으로 듣고 있었다. 그는 관심을 끌기 위해 목소리를 더욱 높였지만, 결국 지쳐서 자신도 휴대전화를 꺼내 들었다.

그렇게 한 시간쯤 함께했지만, 실제로 나눈 대화는 15분 남짓이었다. 같은 공간에서 마주하고 있었지만, 정작 서로에게 집중하는 법을 모르고 있었다. 카페를 떠나는 그들은 과연 이 시간을 의미 있게 기억할까?

요즘 이런 상황을 흔히 볼 수 있다. 상대를 진정성 있게 대하고 싶다면, 만나기 전에 경청의 자세를 준비하는 것이 중요하다.

AI 시대, 불안한 오늘을 살아가는 너에게

대화할 때 잘 듣는 법 네 가지

1. 상대방을 존중하자

상대방의 말과 행동에 집중하고 눈과 귀를 그에게 향하게 하자. 상대방을 얼마나 소중한 존재로 생각하는지 느낌을 전해야 한다. 이는 상대방을 위한 일이 아니라, 경청을 위한 자신의 마음가짐이다. 상대방을 진정으로 인격체로 존중할 때, 그가 하는 말을 진지하게 듣고 싶어진다.

2. 상대가 말하는 핵심이 무엇인지 생각하면서 듣자

상대의 말에 집중하는 것은 동문서답을 피하는 가장 확실한 방법이다. 상대가 이야기하는 동안 다른 생각을 하고 있다면 그의 말이 끝난 뒤, 꼭 엉뚱한 대답을 하거나 어색한 침묵을 선택하게 된다. 특히 상대의 의도를 파악하지 못한 채 이어지는 침묵은 분위기를 어색하게 만들고, 상대에게 '무시당했다'는 불쾌감을 줄 수도 있다.

3. 판단하는 것보다는 공감이 먼저다

대화를 시작할 때 먼저 나의 마음속에 있는 그에 대한 편견과

나답게 리셋 다섯 번째 ✱ 관계의 톱니바퀴, 완벽하게 맞추기   227

선입견을 버려야 한다. 충고하고 싶은 생각들을 모두 비워낸 후에 듣는 것이 중요하다. 섣부른 조언은 상대의 자존심을 건드는 일밖에 되지 않는다. 상대가 나에게 조언을 요청하지 않는 이상 공감만 해주면 된다.

조언해 줄 때도 상대가 틀렸다는 식으로 접근하지 말고 "내 생각에는…."이라며 조심스럽게 말해야 한다. 상대가 판단 능력이 없어서 조언을 구하는 것이 아니다. 그저 자신의 불합리한 상황을 들어주는 조력자가 필요할 따름이다. 이미 행동이나 대응 전략을 생각해 놓고 그 방법이 맞는지 확인하려는 의도도 숨겨져 있다. 그러므로 상대에게 자신의 의견을 제시할 때는 진중하고 조심스럽게 접근해야 한다. 상대방의 의견이 나와 다를 때는 더욱더 잘 들어야 한다. 반론할 수 있는 요소를 발견할 수 있고, 상대방의 허점을 잘 포착할 수 있다.

4. 적절한 보디랭귀지를 활용하자

당신이 적절하게 경청하고 있다는 것을 보여주는 신호다. 때때로 말로 하는 맞장구보다 손동작 하나가 더 크게 작용한다. 그렇다고 호들갑스럽게 추임새를 넣으라는 말이 아니다. 고개를 끄덕여 주거나 눈 맞춤이면 된다. 기쁜 소식을 전하는 상대에게 환호를 보내주고, 우울한 소식을 전하는 친구의 어깨를 두드려 주는 위로, 응원이 필요한 친구에게 손바닥을 마주쳐주는 일은 아주 간단하면서도 유대의 고리를 더 단단하게 만든다.

이를 일상생활에도 적용해 보자. 서로에게 긴장감이 없는 가족이나 절친한 친구의 말부터 경청을 훈련하면 좋다. 그들은 오롯이 나의 편이자 응원단이고 지지자이다. 가장 많이 대화하는 사람들이기도 하다. 그러나 상대가 익숙하고 친밀하다는 이유만으로 대화에 귀 기울이지 않는 경우가 많다. 흘려듣거나, 딴짓하면서 듣기가 일쑤다. 자기 말만 쏟아내고 대화를 끝내버리기도 한다. 이런 태도는 자신도 모르는 사이 습관이 된다. 다시 말하지만, 경청은 훈련을 통해 이루어진다.

말을 배우는 데는 2년이 걸리지만, 침묵을 배우는 데는 60년이 걸린다고 한다. 그만큼 경청을 습관화하기는 어렵다. 이에 반해 말하기는 상대적으로 쉽다. 하지만 자신이 하는 모든 말이 같은 함량과 무게를 지닐 수는 없다. 진심을 담은 의미 있는 말을 하기는 쉽지 않다. 마음을 다해 잘 들어야 가능하다. 누구나 말하기를 좋아하는 이유는 상대방을 이해하기 전에 내가 먼저 이해받고 싶은 욕구가 앞서기 때문이다. 그 욕구를 듣기로 채워 주자. 눈 맞춤해 주며 충분히 듣고 난 뒤 말하자. 말을 하고 싶다면 듣는 게 먼저다.

✰ 나를 바꾸는 한 걸음

1 오늘 하루 중 가장 많이 사용한 단어를 생각해 보자.

2 오늘 만난 사람들이 한 말을 정리해 보자.

3 좋아하는 노래를 듣되 가사만 집중해서 듣고 뜻을 생각해 보자.

4 기사 내용만 읽고 제목을 달아 보자.

5 자신이 건넨 위로나 의견이 최선이었는지 되짚어 생각해 보자.

6 영화나 드라마, 책의 내용을 두세 문장으로 요약해 보자.

AI 시대, 불안한 오늘을 살아가는 너에게

침묵을 최강 무기로 사용하자

우리는 왜 말을 할까? 자기 의견을 표현하거나 타인의 의견을 구하기 위해, 무언가를 이해시키거나 이해를 얻기 위해, 발표하거나 질문하기 위해, 혹은 상대의 말을 호응하고 반응하기 위해 말을 한다. 때로는 자랑하거나 설명하기 위해서도 말을 하고, 심지어 화를 내거나 윽박지를 때조차 말이 사용된다.

말을 많이 할수록 소통이 잘 되는가? 이 질문에는 선뜻 대답하기 힘들다. '예' 또는 '아니오'로 대답할 수 있는 문제도 아니다. 말을 많이 했다가 낭패를 본 경험이 한두 번이 아니다. 오히려 무심코 뱉은 말이 화근이 되어 돌아온 경험도 있을 것이다.

상대의 신뢰를 얻어야 하는 말에는 종종 말하는 사람의 불안감이 스며들어 있다. 예를 들어, 다른 사람에게 자신의 의견을 주장하거나 이해를 구할 때, 겉으로는 확신에 차 보이지만 속으로는 '상대가 믿지 않을 수도 있다'는 불안이 작용한다.

이 불안은 말의 방식에도 영향을 미친다. 상대를 설득하려 할수록 변명이 길어지고, 때로는 강한 어조나 강압적인 태도로 말을 하게 된다. 상대가 이해하지 못하는 눈치라면 같은 말을 반복하며 중언부언하기도 한다.

이런 상황에 이르면 상대는 '지금 나를 믿지 못하는구나.' 하고 생각하고 내 말을 흘려보낸다. 하나도 새겨듣지 않는 것이다. 그로써 내가 전하려는 말은 이미 갈 곳을 잃는다.

내 의견이 상대에게 적극적으로 받아들여지고 긍정적인 효과를 내려면 간결하게 말한 뒤 잠시 침묵하라. 내 말을 곱씹어 삼킬 수 있는 시간을 주는 것으로 그 말이 상대가 충분히 이해할 수 있도록 돕는다.

다음은 '침묵'이 필요한 세 가지 경우다.

AI 시대, 불안한 오늘을 살아가는 너에게

1. 험담하고 싶거나 들을 때

침묵은 험담의 구렁텅이에서 나를 구해 준다. 우리는 사람들과 얽히고설킨 관계 속에서 살아간다. 어떤 식으로든 관계 맺고 있는데 늘 완벽하고 좋은 부분만 볼 수는 없다. 관계를 이어갈수록 흉과 허물이 저절로 보인다. 그래서 상대의 이성적이지 않은 행동이나 견해 차이로 인한 갈등은 언제든 질타의 대상으로 입방아에 오른다.

하지만 타인에 대해 좋은 말을 못 할 바에는 차라리 침묵하자. 남을 험담하는 행동은 자신이 속 좁은 인간이라고 만천하에 드러내는 꼴이다. 이는 시대와 지역을 막론하고 인간관계에서 통하는 진리다. 그런데도 우리는 뒷담화의 유혹에서 쉽게 헤어 나올 수 없다. 이성적 판단으로 험담하지 않아야겠다고 다짐하지만 말하고 싶은 충동을 억제하지 못한다. 눈치를 보다 아니면 의도적으로 상대의 문제 행동이나 말을 꺼내고 말이 난 김에 상대를 헐뜯는다. 그 험담의 주제가 나에게 아무런 영향을 주지 않는데도 기필코 가담한다.

스텐퍼드대학교 심리학 교수 켈리 맥고니걸Kelly McGonigal은 험담의 동기가 자기 PR이라고 했다. 상대를 비하하거나 문제점을 들추어냄으로써 자기 자존심을 높이려는 의도라는 것이다. 자신이 험담의 대상인 상대보다 더 나은 사람이라는 의도에서 시작된다는 뜻이다.

힘이 있는 사람이든, 힘이 없는 사람이든 험담의 대상은 '내 목표와 무척 가까운 사람'이라는 조사 결과가 있다. 그래서일까. 우리 험담의 대상이자 표적은 대부분 라이벌 관계에 있는 친구나 동료, 선후배다. 너무도 잘 아는 사이이기에 그 당사자가 없는 상황에서는 더 신랄하게 비난하며 자신이 상대보다 우월하다는 인상을 심으려 한다. 그러나 정작 험담의 대상이 눈앞에 나타나면, 입을 꾹 다문다. 사실 상대의 단점을 지적하기보다, 자신의 부족함을 인정하면 그만인데, 이를 순순히 받아들이지 못하는 심리가 작용한다. '내가 안 되니, 너도 잘되면 안 돼'라는 이기적인 발상이 깔려있는 것이다.

하지만 이런 태도는 결국 자신에게 되돌아온다. 잠시 자리를 비운 사이 또 다른 타깃이 생겨나고, 험담은 끊임없이 이어진다. 결국 험담의 흐름 속에서 누구도 예외일 수 없다.

다른 사람이 하는 험담에 강한 긍정을 나타내거나 귀 기울이는 행동은 상대를 부추기는 결과를 가져온다. 부탁하건대, 절대 남의 험담이나 뒷담화의 언질을 내가 먼저 꺼내지 마라. 목구멍이 간질간질하더라도 침을 삼키며 참아라.

누군가 남의 험담을 늘어놓을 때 동조하지 말고 "저는 잘 모르

겠어요."라는 말로 침묵을 선택해야 한다. 바쁘다는 핑계나 약속을 이유로 자리를 피해도 좋다. 험담은 상대의 신뢰를 가장 빨리 잃는 방법이다.

2. 변명하고 싶을 때

'변명'하고 싶을 때도 침묵을 무기로 삼아라. 책임을 다하지 못하거나 일을 잘못 처리했을 때, 자기 생각과 다른 방향으로 결론 지어졌을 때나 실수를 저지르면, 그렇게 할 수밖에 없었던 이유를 말하고 싶어진다. 이런저런 말로 구차한 변명을 덧붙인다. 그러나 변명을 듣다 보면 '아, 이 사람은 책임감이 없다.'라는 생각이 절로 든다. 본인은 어쩔 수 없음을 피력하고 있지만, 그것은 이유를 가장한 자기 합리화다. 책임이 빠져 있는 변명은 상대방의 화를 돋우는 결과만 초래한다.

『조선 지식인의 말하기 노트』에 보면 "죄의 무게를 따진다면,

구차한 변명은 잘못을 저지르는 것보다 죄악이 배나 더 크다."라고 했다. 변명으로 죄의 무게를 늘리지 말자. 빨리 인정하고, 잘못을 지적하고 훈계하는 사람 앞에서 침묵하자. 침묵으로 수긍하는 자세를 보여야 잘못한 일에 책임지려는 의지로 읽힌다.

3. 잘난 척하고 싶을 때

남이 먼저 인정해 주어야 할 것을 자기 입으로 떠든다면, 차라리 하지 않는 것이 낫다. 아무리 자신의 우월함을 은근히 드러내더라도, 그것은 결국 자랑에 지나지 않는다. 최근 조사에서 사람들 사이에서 소외되는 특징으로 '잘난 척'하는 태도가 1위로 뽑혔다. 이는 사람들이 자기를 과시하는 이들에게 거부감을 느낀다는 것을 의미한다. 한두 번은 참을 수 있지만, 반복되면 소중한 관계마저 잃게 된다. 자괴감을 주는 사람을 누가 계속 만나고 싶겠는가.

말을 잘한다는 것은 말할 때와 침묵할 때를 아는 것이다. 목소리를 낼 때와 그 장소를 알고, 입을 닫고 겸손할 때를 살피는 것이 필요하다. 침묵은 단순히 묵언수행의 도를 행하는 일이 아니다. 적절할 때 침묵함으로써 신뢰를 잃지 않는 방법이다. 많은 사람을 상대하는 사람이라면 그가 행하는 침묵의 효능은 더욱 강력하게 발휘된다.

작가이자 기자인 마르크 드 스메트는 이렇게 말했다.

AI 시대, 불안한 오늘을 살아가는 너에게

"침묵은 여러 사건의 색깔이다. 그것은 옅을 수도 있고, 진할 수도 있다. 즐거울 수도, 오래 묵었을 수도, 공기처럼 가벼울 수도, 슬플 수도, 절망적일 수도, 행복할 수도 있는 것이다. 침묵에는 우리 삶의 무한한 뉘앙스들이 깃들어 있다."

사적인 일이나 공적인 일, 공동체를 위한 일에서는 침묵의 무게감이 달리 나타난다. 그 무게감 때문에 침묵의 영향력 또한 달라진다. 침묵은 어쩌면 말보다 더 큰 위력을 발휘하는 진정한 무기가 될 수 있다. 주워 담을 수 없는 말로 창을 삼지 말자. 침묵을 방패로 삼아야 인간관계에서 승리한다.

 나를 바꾸는 한 걸음

1 하루 동안 남을 입에 올린 경우를 되새겨 보자.

2 남의 험담을 들었을 때 나의 반응은 어떠했는가?

3 위의 2번 답변에서 동조가 많은가, 침묵한 적이 많은가?

4 은연중에 남을 험담하고 후회한 적이 있는가?

5 자신이 가장 많이 험담한 사람은 누구인가?

6 위의 5번 답변에서 그를 깎아내림으로써 자신에게 돌아오는 유익은 무엇인가?

지혜를 얻을 수 있다면 발 벗고 뛰어라

지식은 책상 앞에 앉아서 얻을 수 있다. 하지만 지혜가 없으면 지식은 그 가치를 발휘하지 못한다. 예를 들어, 인권은 인간답게 살 권리이다. 사람에게는 누구나 인권이 있다는 지식이 입력되었다고 하자. 그렇다면 이 지식을 확장해 장애인이나 어린아이, 성 소수자 그리고 이주노동자에게까지 적용할 줄 알아야 한다. 그래야만 인권을 학습한 사람의 바람직한 태도가 나온다. 그런데 우리는 이를 지식으로만 쌓아놓고 아는 데에서 그칠 때가 많다. 지식으로 시험을 치르고 평가받기 때문일까. 지식을 응용하고 실행하는 지혜가 턱없이 부족하다. 지혜의 평가 기준이 없기

AI 시대, 불안한 오늘을 살아가는 너에게

때문인지 지식에 대한 목마름은 있어도 지혜에 대한 갈증에는 목말라하지 않는다.

지식은 배우고 학습하면 된다지만 지혜는 어떻게 습득하는 것일까. 이에 대해 존 로크John Locke는 이렇게 말했다.

"지혜는 모두 경험에 바탕을 두고 있다. 지혜는 결국 경험에서 생긴다. 그러므로 경험은 모든 사항에 있어 스승이 된다."

결국 지혜는 경험의 토대 위에 지식이 뿌리내린 열매다. 경험이 풍부하면 지식의 응용력 또한 커져 풍성한 열매를 맺을 수 있다. 지식은 과거를 학습하는 것이지만 지혜는 미래를 구한다. 지식보다 지혜를 탐하자. 일상에서는 알고 있는 지식보다 지혜가 발휘되어야 하는 일들이 많다. 다양한 계층의 사람들을 만나고 갈등을 해결하기 위해서는 지식만으로는 부족하다. 사회나 정치를 막론하고 인간관계에서도 현명한 지혜가 필요하다. 지혜는 스스로 체득하거나 깨달음을 통해 얻어야 하는 어려움이 따른다. 지혜를 구하는 분야는 매우 광범위하며, 경험과 사고를 깊이 있게 확장하기 위해서는 충분한 시간도 필요하다. 개인의 상황과 이해의 정도에 따라 같은 상황에서도 어떤 이는 지혜를 얻지만 어떤 이는 시간을 허비하는 결과를 낳는다. 지혜를 갈구하며 조급하기보다 책이나 경험을 통해 통찰력을 키우면 효과적으로 터득하게 된다.

지혜는 행동 변화를 불러온다. 경험을 바탕으로 형성된 지혜가 삶을 변화시킨다. 그것이 그의 인품이 되고 품격이 된다. 우리가 만나는 많은 사람은 각자 품은 지혜가 다양하다. 그들의 경험적 노하우를 전달받으면 성장에 자양분이 될 것이다.

다양한 경험을 수집하라

지혜를 구하려거든 직접 '경험'해 보는 방법을 권한다. 돈으로 살 수 없는 진귀한 체험이다. 시간과 돈을 투자해야 하는 부담이 있지만, 그만큼 빨리 자기만의 지혜를 터득할 수 있다. 예를 들어, 피자 만드는 법을 동영상으로 백 번 보는 것보다 한 번 반죽해서 도우를 만들고 토핑을 준비해 얹고 굽는 과정까지 직접 해보는 것이 훨씬 도움 된다. 준비가 완벽하게 되지 않았더라도 도전하는 시험에 응시하고 떨어져 보는 것이 맹목적으로 앉아서 시험 준비만 하는 것보다 낫고, 관심 분야의 현장을 한 번 찾아가는 것이 이론서를 두 번 읽는 것보다 낫다.

체험은 실패하더라도 나중에는 이익이 된다. 오감을 이용해

받아들이기 때문에 감각적으로 몸에 익어 다음에 실수나 실패할 확률을 줄인다. 조언을 구하더라도 자신이 실패한 경험을 토대로 질문해 시행착오를 줄이는 방법을 얻을 수 있다. 어떤 방식으로든 체험은 값진 유익을 준다.

일단 세운 목표에 관련된 일들을 경험하기를 주저하지 마라. 경험이 없는 상태에서의 상상은 망상이 될 확률이 높다. 상상이라도 체험을 토대로 뻗어 나가는 상상은 자신의 힘이 된다는 사실을 기억하자.

두 번째 경험은 '독서'다. 저자의 경험을 빌려 자신의 체험으로 만들어보자. 세상의 모든 일을 다 겪어볼 수는 없다. 현실에서는 체험할 수 없는 일도 많다. 그 분야의 전문가를 직접 만나보는 것만큼 멋진 경험은 없지만, 만남이 성사되기 어려운 경우가 많다. 그럴 경우, 그의 저서를 읽어 보자. 저서에는 그가 쌓아온 지식과 경험이 고스란히 담겨 있어, 직접 만나는 것 못지않은 귀중한 통찰을 얻을 수 있다. 책을 통해 전문가의 생각을 엿보는 것도 훌륭한 학습이 된다. 정치인 벤저민 프랭클린은 '남의 경험에서 배우는 사람만큼 현명한 이는 없다'고 했다. 곤경에 빠져 본 사람만이 가장 확실하고 안전한 길을 발견하고, 그 길을 안내할 수 있다.

세 번째, '강연'을 많이 들어라. 강연이야말로 강연자의 체험이

녹아있는 현장이다. 전문적인 이론뿐 아니라 강연자가 경험한 일까지 청중에게 들려줌으로써 직접 경험한 것과 비슷한 효과가 있다. 강연자는 주제와 관련해 자신이 한 시행착오와 그것을 극복한 체험담을 들려주며 현장의 느낌을 전달한다. 철학자이자 교육학자 존 듀이John Dewey의 말처럼 '사고라는 요소를 전혀 내포하지 않고는 의미 있는 경험'이란 있을 수 없으니 그들이 전하는 말에는 그 일을 겪어낸 지혜가 담겨 있다.

강연 현장에서는 질문할 수 있는 장점도 있다. 평소 궁금했던 점이나 의문점을 질문해 자신의 배경지식을 확장할 수 있다. 왜 지혜를 구해야 하는지 괴테는 이렇게 말했다.

"누구나 자기가 최고라고 생각한다. 그래서 많은 사람이 이미 경험한 선배의 지혜를 빌리지 않고, 실패하며 눈이 떠질 때까지 헤매곤 한다. 이 무슨 어리석은 짓인가. 뒤에 가는 사람은 먼저 간 사람의 경험을 이용하여, 같은 실패와 시간 낭비를 되풀이하지 않고 그것을 넘어서 한 걸음 더 나아가야 한다. 선배들의 경험을 활용하자. 그것을 잘 활용하는 사람이 지혜로운 사람이다."

이렇게 우리가 직접 체험한 일이나 독서, 강연 등에서 얻은 소감이나 실패담, 체험담은 반드시 저장해 놓아야 한다. 이는 단지

기억을 위한 것이 아니라, 나중에 다시 돌아보며 배우고 성장할 수 있는 소중한 자산이기 때문이다. 비슷한 경험을 한 사람의 기사나 방송 인터뷰 등을 보고 스크랩하는 것도 좋다. 자신의 내실을 다지는 길이며 지혜를 확장하는 방법이다. 그로 인해 지금은 꿈꾸지도 못하는 일이 미래에는 가능해진다. 그러므로 다양한 경험을 수집하라.

경험을 수집할 때 주의할 점이 한 가지 있다. 바로 그 경험만이 최선이고, 최상이고, 최고라고 믿으면 안 된다. 이는 상당히 경계해야 할 일이다. 그것 또한 지극히 개인적인 견해임을 알아야 한다. 곧이곧대로 믿고 유일한 진리로 받아들인다면, 단편적이고 편협한 관념이 자기 내면에 지혜로 장착될 수 있다. 이는 오히려 자신의 성장을 방해하는 요소가 된다.

『톰 소여의 모험』, 『허클베리 핀의 모험』을 쓴 마크 트웨인Mark Twain은 이렇게 말했다.

"경험을 교훈으로 삼을 때 우리는 그것이 경험된 내용에만 국한되도록 조심해야 한다. 아니면 뜨거운 난로 뚜껑에 앉아 버린 고양이의 꼴이 되어 버린다. 고양이는 두 번 다시 뜨거운 난로 뚜껑에는 앉지 않을 뿐만 아니라 심지어 식은 뚜껑에조차도 앉지 않으려고 하기 때문이다. 경험의 내용에 국한하여 그것을 교훈으로 삼는 지혜가 필요하다."

경험은 과정이고 지혜는 그 과정에서 맺어지는 열매다. 열매가 하나만 열리기를 바라는 사람은 없다. 실패한 경험에 대한 재도전, 폭넓은 독서, 다양한 강연으로 자기 경험에 자양분을 더해야 한다. 그럴수록 여러분에게 열리는 지혜의 당도가 높아진다.

 나를 바꾸는 한 걸음

1 관심 분야에서 체험할 수 있는 일들을 나열해 보자.

2 자신이 꼭 만나 보고 싶은 사람은 누구인가?

3 자신이 알고 있는 지식 중 가장 많은 부분을 차지하는 분야는 무엇인가?

4 위 3번의 분야로 영화를 만든다면 줄거리를 적어보자.

5 가장 최근 들었던 강연자의 강연 주제는 무엇이었는가?

6 읽은 책의 목록을 빼놓지 않고 적어보자.

AI 시대, 불안한 오늘을 살아가는 너에게

겸손을 마음에 새기면 존중이 따라온다

'Remember the importance of humility(겸손이 중요하다는 것을 마음에 새겨라!)'

하버드 비즈니스 스쿨의 첫 수업 시간, 교수는 학생들에게 이 말을 들려준다. 대체 왜 하버드대학교는 겸손을 강조하며 가르치는 것일까?

겸손은 남을 존중하고 자신을 드러내지 않는 태도를 의미한다. 남들보다 우수한 점이나 뛰어난 부분을 내세우지 않고, 자신이 부족하다는 자세로 임하는 심리적 태도이다. 여기서 '부족'은 실력이나 능력이 없는 사람을 뜻하지 않는다. 자신의 무지함을 드러내는 것도 아니다. 상대에 대한 존중이며 자신을 낮추는 의미이다. 그러므로 어느 순간에는 잘 아는 것도 배우는 자세로 다가서야 한다. 이는 사회생활에서 가장 어려운 인간관계를 현명하게 유지하는 처세법이다. 상대가 어떤 위치에 있든, 서로 어떤 관계이든 상대에게 겸손한 태도를 갖춰야 한다.

겸손할 때 더 성장할 수 있기 때문이다. 세상에는 똑같은 사람이 단 한 명도 없고, 그만큼 100% 똑같은 경험을 한 사람도 없다. 한집에서 태어난 일란성 쌍둥이조차도 경험치는 다르다. 내 앞에 서 있는 그 누군가는, 혹은 내가 상대해야 하는 그 사람은 내가 보지 못한 것을 보았을 것이고, 듣지 못한 것을 들었다. 그뿐 아니다. 내가 전혀 모르는 것을 한 가지 이상 알고, 내가 느껴보지 못한 감정이나 느낌을 경험했다. 내가 그와 가까워진다면 간접적으로 그의 지식과 경험을 공유하게 되는 것이다. 그로 인해 나의 사고가 확장되고 이해의 폭이 넓어진다.

사람들은 누군가 겸손하게 다가설 때 자신이 가진 경험과 지식을 거부감 없이 나눠 준다. 세상을 보는 지혜와 넓어진 견문은 잃어버릴 수도, 누군가에게 빼앗길 수도 없는 자신만의 자산이 된다. 그러므로 이를 드러내 과시할 필요가 없다.

"하늘의 도는 가득 채운 자에게서 덜어내어 겸손한 자에게 더하고,

땅의 도는 가득 찬 것을 바꾸어 겸손한 곳으로 흐르게 하며,

귀신은 가득 채운 자를 해치고 겸손한 자에게 복을 주고,

사람의 도는 가득 찬 것을 싫어하며 겸손한 자를 좋아한다."

『주역』에 나오는 말이다. 세상의 이치가 반드시 평행을 이루는 것에 따른다고 할 때, 겸손은 득으로 다가온다. 겸손이 가져다주는 선물은 명예와 인정이다. 또한 자신을 낮추는 자에게는 인간관계의 유대와 우호적 친밀감이 형성된다. 사회생활을 하면서 타인과의 갈등은 피해갈 수 없다. 자기주장만 내세워 생각의 폭을 좁히지 못하면 갈등은 해소되지 못한다. 그러나 겸손한 사람은 상대와 불편한 관계를 초래하지 않는다. 대립이나 갈등이 생겼을 때 문제의 원인을 바로 깨닫고 관계 회복을 위해 즉각 나설 수 있기 때문이다. 이는 자존심이 없고 낮아서가 아니라 상대를 존중하기에 가능한 일이다.

정신건강 전문가들은 자존심이 강한 사람의 특징을 몇 가지로 요약했다.

1. 아첨 받기를 좋아한다.
2. 남에게 우월감을 느낀다.

3. 쉽게 상처받고 비판, 배신 혹은 무시당하는 일을 참지 못한다.

4. 요구가 무척 많고 자기가 원하는 일을 위해 남을 이용한다.

5. 대체로 매력 있고 카리스마적이며, 남을 자신의 영역으로 끌어들이는 방법을 안다.

어떤가, 자신의 모습과 닮지 않았는가? 겸손은 비굴함이 아니다. 겸손한 사람이 결국 관계의 주도권을 잡는다. 어떤 사람들은 가만히 있거나 겸손하게 낮은 자세를 취하면 누가 알아주지 않는다고 항변한다. 실제로 각종 SNS나 동영상 공유사이트를 보면 모두가 자신을 알리기에 혈안이 되어 있지 않은가. 경쟁자보다 자신이 더 능력자임을 어필하지 못하면 불리한 상황에 내몰리는 경우도 많다.

그러나 빈 수레가 요란한 법이다. 아무리 자신을 드러내고 인정받으려 해도, 결국 실력은 금방 드러나게 마련이다. 요즘처럼 평균 이상의 학력과 넘치는 정보로 인해 대중의 지적 수준이 높은 시대에는, 누구나 자신만의 남다른 면을 갖고 있다. 이런 상황에서 과도하게 자신을 과시한다면 오히려 반감을 사거나 웃음거리가 될 뿐이다. 그런 사람에게는 절대 사람이 모이지 않는다. 누구든지 잘난 사람의 들러리는 서고 싶어 하지 않는다. 만약 겸손하게 다가섰음에도 불구하고 일관되게 무시하는 사람이 있다면,

AI 시대, 불안한 오늘을 살아가는 너에게

단호하게 관계를 정리할 필요가 있다. 적당한 거리를 두어 부정적인 영향을 미치지 않도록 해야 한다.

인간관계는 상호작용으로 이루어진다. 그러나 상대가 진정성 있게 대하지 않는다면, 굳이 그 앞에서 겸손해질 필요는 없다. 그가 아무리 뛰어난 전략을 가진 사람이든, 유능한 사람이든, 결국 상대를 하나의 도구로만 본다면 그 관계는 지속될 가치가 없다. 진정한 관계는 서로 존중할 때 비로소 의미가 있다.

상대를 존중하면서 자기 의견에 당당함을 가져라. 눈치를 보거나 남들이 하는 대로 따라 하는 것은 겸손이 아니다. 오히려 자아가 위협받는 경고 신호다. 겸손과 자존감이 낮은 것은 전혀 다른 문제다.

심리학자들의 자존감 높이는 조언을 들어보자.

자존감을 잃지 않기 위해 우리가 할 일

첫째, 절대 남과 비교하지 마라.

둘째, 심하게 자신을 방어하려고 하지 마라.

셋째, 자신의 탁월성을 강조하지 마라.

넷째, 인정받으려고 여기저기 다니지 마라.

남들이 해주는 찬사에 높은 가치를 부여하면 자신에게 성실할 수 없다. 고로 겸손할 수도 없고 당당할 수도 없다. 남들이 쏟아내는 찬사는 형식적이고 필요의 과정일 뿐이다. 진정 어린 찬사는 자기가 자신에게 하는 찬사이다. 절대 잊지 마라. 인간관계에서 겸손은 자존감이 높을 때 가능한 일이다.

 나를 바꾸는 한 걸음

1 오늘의 나를 있게 만든 사람들을 떠올려보자.

2 위 1번의 그들에게 감사하는 마음을 전하는 내용을 구체적으로 생각해 보자.

3 오늘 만난 인물에게 배울 점은 무엇이었나?

4 반성 일기를 써 보자.

5 다른 사람을 인정하고 칭찬하는 말을 연습해 보자.

6 남보다 우월감을 느끼는 부분에서 겸손해져야 하는 이유를 찾아 보자.

AI 시대, 불안한 오늘을 살아가는 너에게

한 점의 배려가 관계를 아름답게 한다

'존중'은 상대의 인격, 사상, 행동을 높이 평가하는 태도이다. 타인으로부터 존중을 받으면 심리적인 안정감을 느끼고 자신이 하는 일에 자부심을 가질 수 있다. 존중하는 행위는 아주 사소한 인사부터 어려운 상황에서의 배려까지 다양한 형태로 나타난다. 인사는 전 세계 어디서나 통하는 '존중'의 표현이다. 특별한 시간이나 노력을 들이지 않고도 할 수 있는 일이다. 상대는 이를 관심의 표시로 받아들여 기분 좋게 여긴다. 특히 헤어스타일이 바뀌었거나 새 옷을 입고 만났을 때 '잘 어울린다'는 말을 건네면 상대의 기분도 좋아진다. 고맙다는 인사나 미안하다는 사과를 건네는

것도 마찬가지다. 그것이 어렵게 느껴질 수 있지만, 쉽게 생각하면 아주 쉬운 존중의 방법이다.

강연장에서 이 방법을 추천하면 사람들은 의외로 반응을 보인다. 부끄러워서 못 한다거나, 먼저 인사를 건넸는데 상대방이 모른 척할 때 자신이 민망하거나 자존심이 상한다고 말한다. 물론 그런 상황이 있을 수 있다. 나도 그런 경험을 한두 번은 겪었다. 하지만 민망한 것은 그 순간뿐이다. 인사를 건넴으로써 쌓은 바른 이미지와 형성된 인간관계는 결국 자신에게 좋은 영향력을 미친다. 언제 어디서 그 사람을 다시 만나더라도 당당할 수 있다.

AI 시대, 불안한 오늘을 살아가는 너에게

인간관계의 기본원칙

언젠가 '1분의 배려'라는 공익광고가 방송된 적이 있다. 버스에서 대신 벨을 눌러 주는 데 4초, 후배를 위해 커피를 타주는 데 27초, 뒷사람을 위해 문을 잡아 주는 데 8초 등, 우리가 일상에서 실천할 수 있는 작은 배려들이 영상 속에 담겨 있었다. 이 밖에도 장애인이나 아이, 노약자를 위한 배려 등 우리가 생활하면서 실천할 수 있는 배려는 많다. 그렇지만 바쁘다는 이유로, 모르는 사람이라는 핑계로 우리는 그냥 지나친다. 내심 도와주지 못한 찝찝함이 남아 있더라도 어쩔 수 없었다고 정당화한다.

배려하면 나에 대한 신뢰도 덩달아 올라간다. '배려'가 어려운 이유는 진심에서 우러나올 때 가능하기 때문이다. 남을 배려하다 보면 시간이나 마음 씀씀이에서 약간 손해를 볼 수도 있다. 경제적으로 보상받거나 즉각적인 이익이 되는 일도 아니다. 오히려 손해를 감수해야 할 때도 있다. 그럼에도 나의 언행에 따라 상대가 존중받는 느낌을 고스란히 받는다면 흐뭇함을 선물로 받는다. 한 번의 배려였지만 변화의 기회가 되고, 인정받는 지름길이 될 수도 있다. 좋은 이미지를 남기고 관계가 형성되는 유대감이 만들어진다. 이는 보이지 않는 자산이 되고 세상을 살아가는 힘이 된다.

물론 이해득실을 따져 계산적으로 상대를 존중하면 안 된다. 이는 기회주의자라는 각인을 심어줄 뿐이다. 동등한 관계에서의 존중을 넘어 굽실거리거나 조금이라도 얄팍한 계산에서 나온 존중이라면 본색이 드러나기 전에 멈추는 것이 좋다. 인간은 이성적 존재이기에, 상대가 왜 이렇게 지나치게 친절을 베푸는지 금세 알아차린다. 관계의 자연스러운 범위를 넘어서는 존중은 오히려 불편함을 줄 수 있으며, 때로는 숨은 의도가 있는 건 아닌지 의심을 불러일으키기도 한다.

여러 연구를 통해 존중받는 사람이 그렇지 않은 사람에 비해 더 행복하다는 사실이 밝혀졌는데 일이나 일상에서 더 활기차다고 한다. 더 희망적이며 더 사람을 잘 돕고, 잘 공감하며, 관용적이고, 타인을 배려하는 마음도 크다는 것이다. 또한 우울증이나 걱정에 빠지거나 외로움과 질투심, 신경증에 빠질 가능성이 상대적으로 낮다는 결과이다.

미국 처세술 전문가 데일 카네기Dale Carnegie는 '상대방에게 소중한 존재감을 느끼게 하는' 것이 인간관계의 원칙이라고 했다. 그러면서 한 가지 질문을 던졌다. '다른 사람을 움직이는 최고의 방법은 상대가 원하는 바를 베푸는 것이다. 그렇다면 사람은 무엇

AI 시대, 불안한 오늘을 살아가는 너에게

을 원하고 무엇을 얻고 싶어 할까?' 이에 대해 심리학자 윌리엄 제임스^{William James}는 이렇게 답했다.

"인간이 품고 있는 감정 가운데 가장 강렬한 본성은 타인에게 인정받기를 갈망하는 마음이다."

그는 실제로 '고맙다'라는 말이 사람을 얼마나 변하게 하는지 실험해 봤다. 어느 날, 강연을 준비하는 직원에게 고맙다는 표현을 처음으로 했다. 그 직원은 3년 동안 함께 일하면서 처음 들은 그 말에 몸 둘 바를 몰라 했고, 자기 업무 능력을 인정받았다고 생각했다. 자기 일에 대한 확신이 생기자, 그는 더 놀라운 발전을 이루었고, 자신 있게 업무에 임했다. 당연히 업무 효율이 높아졌다.

인간은 존중받고 싶다는 욕구가 마음에서 끊임없이 요동치고 불타오른다. 그러기에 더 높은 유대감과 친밀감 유지에 필요한 마음 자세는 바로 상대를 존중하는 마음이다. 인간관계에서 완벽해지려는 마음을 버리자. 그보다는 상황을 개선할 방법이 무엇인지 고민하는 편이 더 현명하다. 내게 부족한 점이 있듯 상대도 부족한 점이 있다. 각각의 사람을 관찰하고 그 특성에 맞게 대응한다면 이전보다 인간관계가 훨씬 더 나아진다. '존중'이라는 단순한 원칙을 알고 적용하면 나의 지원군이 늘어난다.

나를 바꾸는 한 걸음

1 자신이 존중받아야 하는 이유를 나열하라.

2 가장 미운 상대를 떠올리고 그가 존중받아야 하는 이유를 적어라.

3 자신과 상대의 다른 점을 비교해 보자.

4 상대가 추구하는 것은 무엇인가. 이유까지 적어보자.

5 평소 주위 사람들을 위해 배려할 수 있는 것들을 떠올려보자.

6 위 5번의 답 중 지금 당장 실천할 수 있는 것들을 적어보자.

AI 시대, 불안한 오늘을 살아가는 너에게

먼저 문을 열어야 누군가 들어온다

누군가와 통한다는 것은 신나는 일이다. 통하는 것이 말일 수도 있고, 마음일 수도 있고, 취미나 성향일 수도 있다. 그 어느 하나라도 통하면 상대와 친근감이 생겨난다. 그뿐 아니라 유대감도 형성돼 사회생활 하기가 수월해진다. 그러나 아쉽게도 주변에서 '통'하는 사람을 만나기가 어렵다. 기술 발전으로 다양한 소통 수단이 생겼지만, 사람들의 거리감은 갈수록 늘어간다. 이에 대해 심리학 전문가들은 세 가지 원인을 들었다.

첫째는 사람마다 경험이 다르기 때문이다. 각자 개인이 경험한 범주 안에서 상대와 통하는 접점을 찾는데, 이때 자신과 다른 행동이나 말을 이해하고 받아들이지 못한다. 그래서 상대에 대한 선입견이 생기고 편견으로 상대와 통할 수 있는 통로를 스스로 막아버린다.

둘째는 개인별로 처한 상황이 다르기 때문이다. 각 개인을 둘러싼 환경이 이와 관련이 있는데, 사회적 위치는 물론 경제적 능력이나 역할에 따라 적절한 언행이 요구된다. 이러한 입장과 상황이 상대와 거리를 만드는 원인이 된다.

셋째는 서로 다른 성격과 가치관에 원인이 있다. 아무리 이해하려고 해도 성격이 다르면 서로에 대해 인정하기보다는 자신과 다른 모습에 화부터 난다. 답답하게 느끼거나 자신과 통할 수 없는 완전히 다른 세계의 사람쯤으로 여긴다.

한 심리학자가 분석한 자료를 살펴보면, 이 세 가지에 속하지 않는 사람이 드물다. 어쨌거나 경험도 다르고 환경도 다르며 성격이나 가치관도 다르기 때문이다. 이 모든 것이 100% 일치하는 사람은 없다. 그래서 누군가와 소통하기란 가장 어렵고 난해한 문제라고 고개를 절레절레 젓는 것이 아닐까.

인생에는 한발 더 나아가야 할지, 물러나야 할지 알 수 없을 때가 있다. 이때를 가리켜 '햄릿 상태'라고 한다. 소통이 안 되는 인간관계에서도 이런 순간이 있다. 이때 흔히들 자신은 완벽한데 불통의 원인이 상대에게 있다고 착각한다. 자신은 변화를 위해 행동하지 않고 상대가 변하기를 바란다. 오직 상대가 어떤 행동을 보여 자신에게 다가오기만을 기다린다. 그 결과는 자명하다. 자신만 고립될 뿐이다.

근래에는 극단적인 소통의 단절이 사회적 문제로 번지고 있다. 유연한 사회생활을 하기 위해, 자기 가치를 높이고 드러내기 위해 적절한 방법으로 소통의 방법을 찾아야 한다. 소통을 위한 세 가지 요소에는 선입견을 버리는 것과 공통점을 찾는 것, 그리고 상대에게 마음을 여는 것이 있다.

먼저 '선입견'은 소통의 최대 적이다. 선입견은 상대를 객관적으로 보지 못하게 가로막는다. 개인적으로 선호하는 상황, 외모나 조건 등 외부에 드러나는 정보로 상대를 판단한다. 이를 근거로 상대를 방어적으로 대하거나 무시하기도 한다. 상대가 이에 개의치 않으면 괜찮겠지만 누구도 이 부분에서 불쾌하지 않을 수

없다.

상대를 알고 싶거든 선입견을 거두고 상대를 보자. 객관적인 눈으로 상대를 바라보려는 노력이 우선돼야 한다. 상대의 단점보다는 장점을 발견하고 가까워지려는 노력이 필요하다. 예를 들어, 매사에 정확하게 따지는 성격의 친구가 있다. 이는 장점이 될 수도 있고 단점이 될 수도 있다. 이를 장점으로 본다면 자신의 허술한 부분이나 놓치고 가는 것들을 챙길 수 있도록 도와줄 것이다. 그런데 이를 잔소리나 짜증 나는 일로 여기고 듣지 않으면 소통의 상호작용으로 윈윈win win할 기회가 없어진다. 단점이나 문제점이 없는 사람은 없다. 그 부분을 이유로 소통을 꺼려서는 안 된다.

다음으로 친해지고 싶은 사람이 있다면 대화를 통해 둘 사이의 '공통점'을 찾아보자. 처음 만나면 누구나 쉽게 마음을 열지 못한다. 누구에게나 처음 보는 사람에게 섣불리 자기 마음을 노출했다가 해를 당할지 모른다는 우려가 있다. 그러기에 낯가림이 심하다는 이유로 멀찍이 거리를 두려 한다. 이런 상황이 어느 때는 유익을 가져오기도 한다. 그러나 사회적 관계에서는 결코 도움이 되지 않는다. 오히려 적극적인 소통으로 공통분모를 찾아 이야기를 이끌어간다면 자신의 아군을 한 명 더 늘릴 수 있다.

AI 시대, 불안한 오늘을 살아가는 너에게

공통점은 지역, 성별, 나이, 학교 등에만 국한되지 않는다. 취미나 취향, 성향으로 확대할 수 있고 좋아하는 영화나 책, 작가, 음식처럼 아주 소소한 것들이 될 수도 있다. 단 한 가지만 일치하더라도 그 대화에서 일체감을 느낄 수 있다. 바로 그 지점에서 '통'하는 부분을 찾게 된다. 그래서 전혀 다른 환경에서 자랐고 경험한 것들도 다르지만 서너 명이 모인 동아리 모임에서는 공통분모를 찾아내 두세 시간 이상 대화를 나누는 모습을 흔히 볼 수 있다.

이제 마음을 열자. 선입견을 버리고 공통점을 찾았다면 '수용적인 자세'를 취해야 한다. 자기 마음을 꼭 닫아둔 채 소통하기를 원한다면 원활하게 통할 수 없다. 자신만의 기준을 세워 놓고 기준에 합당한 사람과 통하겠다는 조건을 제시해서도 안 된다. 일단 마음을 열어 개방적으로 받아들이면서 자신이 취사를 선택해야 한다.

'절대 이해할 수 없어.', '왜 저렇게 하는 거지?', '저건 틀렸어!'라고 단정하지 마라. 차라리 "왜 그랬어?"라고 묻는다면 상대는 자기 입장을 설명할 기회를 얻고 그 상황을 역지사지해 볼 수 있다. 만약 상대의 설명에도 불구하고 당신이 '이해할 수 없음'이라는 판단이 선다면 무조건 단절할 것이 아니라, 합리적인 방법을 제시하는 것이 좋다. 우호적인 피드백을 해줌으로써 상대는 당신을 신임하게 된다. 언제나 기억해야 할 것은 기준이 지나치게 완고하면 소통을 저해한다는 사실이다.

 나를 바꾸는 한 걸음

1 자신과 소통하는 사람의 이름을 적어보자.

2 그들이 나에게 주는 좋은 영향력은?

3 그들에게 내가 줄 수 있는 좋은 영향력은?

4 사람들과 소통의 범주를 확대한다면 어떤 방식을 선택하겠는가?

5 친해지고 싶은 사람과 공통분모를 찾아보자.

AI 시대, 불안한 오늘을 살아가는 너에게

조지프 퓰리처,
신념을 지키며 도전

가치관은 대개 사고와 경험이 축적되면서 만들어진다. 자신의 가치관이 관념과 관점을 형성하고 말과 행동을 좌우하며 이상을 만들어 낸다. 자신을 포함한 세계나 그 속의 어떤 대상에 대해 가지는 평가의 근본적 태도나 관점을 제시한다. 그로 인해 삶을 살아가면서 자신이 옳은 것, 바람직한 것, 해야 할 것 또는 하지 말아야 할 것 등에 관한 신념이 표출된다.

어떤 이의 삶을 되짚어 보면 그가 가졌던 가치관이 삶을 관통한다. 언론계에 종사하는 사람들의 꿈이자 권위와 영광을 자랑하는 '퓰리처상'을 제정한 조지프 퓰리처는 가치관을 실현한 인물로 꼽힌다.

헝가리 유대계의 부유한 곡물상 아들인 조지프 퓰리처^{Joseph}
^{Pulitzer}는 헝가리어뿐만 아니라 독일어와 프랑스어에도 능통했다.
그러나 아버지의 죽음과 가정의 몰락으로 생계를 위해 군대에 자
원했지만, 약한 체력과 나쁜 시력으로 인해 군 생활에서 좌절을
겪었다.

17세의 퓰리처는 미국으로 향했다. 3개 국어를 할 수 있었지
만 영어에 능통하지 않아 어려움을 겪었다. 남북 전쟁 말기 용병
으로 북군에 들어가 군인이 되기도 했다. 이후 짐꾼, 웨이터, 노새
몰이꾼 등 먹고살기 위해 무슨 일이든 닥치는 대로 했다. 때로는
노숙자 신세가 되기도 했다.

세인트루이스로 간 그는 서툰 영어 때문에 루이지애나 사탕
수수 농장에 일자리를 구해 주겠다는 사기꾼을 만나 그동안 모
은 돈마저 사기를 당한다. 다른 피해자가 나오지 않게 하겠다는
일념으로 독일 이민자들을 위해 발행되던 《웨스틀리체 포스트
^{Westliche Post}》지에 억울한 사연을 투고했다. 능통한 독일어와 문장
력을 보고 편집자는 그를 기자로 채용했다. 가난한 헝가리 출신
이민자 퓰리처가 언론에 발을 들이게 된 계기다. 이후 미국뿐 아
니라 현대 저널리즘의 기준을 만든 신문왕으로 성장한다.

그는 '재미없는 신문은 죄악'이라며 판매 부수를 늘리기 위해

흥미로운 이야기나 선정적인 내용, 스캔들을 대서특필했다. 그로 인해 정부의 새로운 정책이나 정가 소식을 전하는 것으로만 생각되던 신문의 고정관념을 완전히 깼다. 이뿐만 아니라 스포츠 관련 뉴스와 여성들의 흥미를 일으킬 만한 기사들을 싣고, 여성 기자를 뽑았으며, 신문에 만화와 삽화를 넣었다. 또한 딱딱한 뉴스가 아니라 사람들이 즐길 만한 기사를 싣는 일요판을 따로 발행했다. 신문에 오락성과 상업성을 불어넣으며 현대 신문 저널리즘의 새로운 장을 열었다. 퓰리처의 이 시도는 신문 구성과 기획에 새로운 기준을 세웠다.

퓰리처는 어떤 권력이나 부(富)에도 영향받지 않고 사실을 폭로하는 언론의 독립성을 키웠다. 어떤 경우에도 언론은 독립적이어야 하며, 어떤 외압에도 굴하지 않아야 한다고 믿었다. 당시 대통령이던 시어도어 루스벨트Theodore Roosevelt의 파나마 운하 관련 비리를 취재하고 실으면서 언론의 자유를 확보했다. 정치인이나 기업가, 종교인 등 사회적으로 책임 있는 사람들의 잘못을 폭로하는 일에 기자들을 독려했다. 스탠더드 석유회사와 벨 전화회사의 독점 내막을 공개하고, 부패한 보험회사의 실태를 까발려 문을 닫게 했다. 뉴욕 시의원의 뇌물 사건, 스캔들 등을 폭로했다.

그는 외국인 이주민들에 관심을 가졌으며, 사회 하층민들을 위한 개혁 운동을 주도했다. 당시 독립 100주년 기념으로 프랑스로부터 선물을 받았으나 뉴욕시의 재정난으로 세우지 못했던 자유의 여신상을 시민의 힘으로 세우자는 운동을 펼쳤다. 시민의 기금을 모아, 마침내 리버티섬에 자유의 여신상을 세웠다. 그 공로로 퓰리처의 이름이 자유의 여신상 발가락에 새겨져 있다고 한다.

은퇴할 즈음 퓰리처는 건강이 악화되었다. 눈은 거의 실명 상태가 되었고 두통과 신경증에 시달렸다. 그는 제대로 된 언론인을 양성하기 위한 고등교육이 필요함을 절실히 느껴 콜롬비아대학교에 기금을 맡겨 한 해 동안 가장 훌륭한 기사를 쓴 저널리스트에게 주는 상을 제정했다. 이것이 바로 저널리즘 분야에서 가장 권위 있는 상, 퓰리처상이다.

"항상 진보와 개혁을 위해 싸워라. 부당함과 부패를 절대 묵인하지 마라. 항상 모든 당파의 선동가들과 싸워라. 어떤 당파에도 소속되지 마라. 항상 특권 계층과 공공재산의 약탈에 항거하라. 가난한 사람들에 대한 연민이 없어서는 안 된다. 항상 대중의 복지에 헌신하라. 단순히 뉴스를 인쇄하는 것만으로 만족해서는 안 된다. 항상 철저하게 독립적이어야 한다. 약탈적인 금권에 의한 것이건 약탈적인 빈곤에 의한 것이건, 무엇이든 잘못된 일을 공격하는 걸 두려워해서는 안 된다."

AI 시대, 불안한 오늘을 살아가는 너에게

이는 퓰리처의 가치관이 집약된 말이다. 우리는 무슨 생각으로 사는지 깨닫지 못한 채 사는 날이 많다. 목표를 위해 최선을 다하고 집중해서 살지만, 사는 의미가 자신의 가슴에 전달되지 못할 때도 있다. 가치관은 선택의 순간에 자신이 나아갈 방향을 제시해 준다. 자기 기준에서 옳고 그름을 판단하게 하고 자신을 신뢰할 힘을 준다. 남들은 고집이라고 할지라도 자신이 정의롭다고 믿는 일이라면 어려움을 불사할 각오를 다져야 한다.

레이철 카슨,
책임지는 자세로 도전

의도하지 않았지만 자기가 한 말이나 행동이 큰 화제가 되어 사람들의 입에 오르내릴 때가 있다. 사람들에게 공감대가 형성되면 지지자들이 늘어난다. 뜻을 같이하는 사람들끼리 모이고 뜻이 확대되면 사회적으로 영향력도 행사할 수 있다. 여성 교육 운동가이자 최연소 노벨 평화상 수상자인 말랄라 유사프자이Malala Yousafzai는 탈레반에 의해 여자아이들이 교육받지 못하자 이를 인터넷에 올렸다. 세계 각국 사람들의 관심이 쏠렸고, UN은 문제의 심각성을 인식하게 됐다. 현재 여러 나라와 단체들이 이를 개선하기 위해 노력하고 있다. 어린 나이에도 위험한 상황 속에서 모든 어린이의 교육권을 위하여 투쟁한 공로로 2014년 그녀는 열일곱 살에 노벨평화상을 받았다.

말랄라 유사프자이는 자기가 한 일 때문에 탈레반의 총격을 받기도 했다. 이렇게 자신이 한 일로 인해 곤경에 처할 때가 있다. 누군가가 그 일에 대해 반론을 제기하고 공격한다면 곤혹스럽다. 더구나 상대가 큰 권력을 가진 위치라면 두렵기까지 하다. 그러나 옳은 일, 정의로운 일이라고 자부한다면 책임 있는 행동이 필요하다.

《TIME》지가 선정한 20세기를 변화시킨 인물 100명 중 한 명인 레이철 카슨 Rachel Carson 또한 그런 인물 중 한 명이다.

레이철 카슨은 1907년 5월 27일 펜실베이니아주의 시골 마을인 스프링데일에서 태어났다. 작가가 되고 싶었던 그녀는 펜실베이니아여자대학교(지금의 채텀대학교)에서 동물학 강의를 들으면서 해양생물학자의 길로 접어들었다. 대학교 졸업 후 우즈홀해양연구소에서 일하며 존스홉킨스대학교에서 동물학 석사 학위를 받았다. 연방 공무원으로 15년간 일했으며, 미국 어류야생동물국에서 발간하는 모든 출판물에 대한 편집책임자 자리에 올랐다.

그녀는 자연보존과 자원에 관한 팸플릿을 작성하고, 과학 기사들을 편집했다. 1951년 7월 카슨은 바다에 관한 연구서인 『우리를 둘러싼 바다 The Sea Around Us』를 출판하여 이듬해 미국 도서상을 받았다. 1955년에는『바다의 가장자리The Edge of the Sea』를 출판했다. 이 책들은 바다의 전기라고 일컬을 만한 것으로,『우리를 둘러싼 바다』는 당시 86주 동안 베스트셀러 순위에 올랐다.

그녀는 1952년 공무원 일을 그만두고, 집필에 전념했다.『아이에게 경이로움을 느끼도록 돕는 법』(1956),『끊임없이 변하는 해변』(1957) 등 살아 있는 세계의 경이와 아름다움을 알려주기 위한 글들을 다수 썼다. 그녀의 모든 글에서 표현하는 자연에 대한 그녀의 인식은, 인간은 자연의 일부에 불과하며 인간이 다른 동물과 구별되는 특징은 오직 자연을 변화시킬 수 있는(때로는 다시는 돌이킬 수 없게 만드는) 능력을 지니고 있을 뿐이라고 했다.

제2차 세계대전 후 합성 살충제의 사용을 우려한 카슨은 DDT 같은 살충제의 오용이 자연환경과 인간에게 심각한 위험이 된다는 사실을 알렸다. 1962년『침묵의 봄Silent Spring』을 출판하면서 카슨은 DDT 사용을 주장하는 농학자와 정부의 관행에 도전장을 던지고, 자연을 바라보는 인간의 시각을 바꿀 것을 촉구했다.

카슨은 화학 산업계와 정부 인사들로부터 갖은 협박과 공연히 사람들을 불안케 만든다는 공격을 받았다. 그녀는 이에 굴하지 않고 인간도 다른 생태계와 마찬가지로 똑같은 피해를 볼 수밖에 없는 자연의 일부라고 주장했다.

AI 시대, 불안한 오늘을 살아가는 너에게

카슨은 1964년 56세로 사망했다. 카슨은 세상을 떠났으나 『침묵의 봄』은 계속 영향력을 발휘했다. 『침묵의 봄』 출간 10년 만에 '완벽한 살충제'로 불리던 DDT는 추방됐다. 아울러 일상생활에서 사용하는 화학물질의 위험성에 대한 경종을 울렸다. 지구온난화, 방사성폐기물 감시, 수자원보호의 시발점이 되어 오늘날까지 환경운동에 지대한 영향을 끼치고 있다.

『침묵의 봄』에 대한 살충제 회사의 반박이나 그들을 옹호하는 정치계의 압박이 심할 때도 레이첼 카슨은 자기주장의 당위성을 적극적으로 피력했다. 방송에 출연해 상대측과 격렬한 토론을 벌였다. 신문에 기고하며 살충제 문제점을 인식시키고 대중에게 협조를 구하고 공감을 끌어냈다. 단순히 문제 제기에서 그치지 않고 책임 있는 행동으로 사회 변화를 촉구한 것이다.

자신이 한 말과 행동에 대한 책임은 끝까지 져야 한다. 잘못된 부분이 있다면 인정하고 이해를 구하면 된다. 그러나 정당하고 가치 있는 행동이라면 힘이나 권력에 의해 수세에 몰리더라도 의지를 굽히면 안 된다. 소신 있는 행동과 생각은 멋지다. 거기에 책임을 더한다면 그 사람은 언제 어디서든 빛난다.